질문은 조금만

질문은 조금만

자부심과 번민의 언어로 쓰인 11인의 이야기

이 충 걸
인터뷰집

한겨레출판

명백히 사적인 관점

가끔 누군가의 속이 수정처럼 들여다보일 때마다 생각했다. 다시는 저 안을 들여다보고 싶지 않아. 두 번 다시 실망하고 싶지 않아. 어떤 때는 타인에게서 (어떤 경향의 눈속임일지도 모를) 성숙한 관점을 기대하는 것 자체가 오류로 보였다.

각기 다른 원근법이 있듯이 존경할 만한 인격에 대한 생각은 모두 다르다. 존재 하나로 충분하다고 말할 수 있는 사람이 있을까? 이 책에 실린 11인은 모두 드물게 독창적이거나 획기적이거나 색다른 사람들이지만, 작곡가들은 동물처럼 자기 마음에 드는 것을 찾아 돌아다닌

다던 스트라빈스키 말대로, 나에겐 단지 끌리는 대상이었을 뿐이다. 나에게 세상을 비추는 스크린 같은 존재는 불필요했다. 스타 게이트의 문전에서 서성거리는 것도 싫고, 새로 나타난 우상의 욕망과 기쁨을 흉내 내는 것도 도대체 무쓸모했기 때문에.

질문을 던지고 자극에 응전하는 동안 내가 원한 것은 언어였다. 정확한 팩트 위에 설복의 힘을 갖춘 낱말. 전문적인 섬세함 위에 유머와 억양을 갖춘 쉼표. 언제까지나 귀 기울이고 싶은 압축된 지혜. 그리고 그들이 스스로를 탐문하는 이야기 속에 숨겨두었던 설명을 꺼낼 때 어떤 습득의 상태.

스포츠가 그런 것처럼 인터뷰는 하나의 단서를 원한다. 황홀감. 다른 말은 없다. 이때 인터뷰 능력이 가장 중요해진다. 인간의 모든 순간은 질문과 대답으로 엮여 있으니까. 언어는 세계의 전부이자 표정을 손질하는 단 하나의 가치니까.

질문과 대답의 바다엔 흔한 감정들이 펼쳐져 있었다. 질문은 받는 것, 대답은 주는 것. 어떤 질문은 흥미를 부르는 동시에 차단하며, 끌어들이는 동시에 쫓아낼 것이다. 다른 질문은 인터뷰이의 고통에 연민을 표하거나, 즐거움을 부추기거나, 실패를 면제해주거나, 업적을 승리라고 주장할 것이다. 그러나 인터뷰는 자기를 보호할 수 없는 장르라서 제대로 구사한다면 달려갈 곳도 숨을 곳도 없다.

인터뷰는 때로 아래에서 위로, 위에서 아래로 가는 두 가지 길밖에 없는 대화로 변했다. 어쩌면 마음 따윈 바깥으로 나오지도 않았다. 입이 떡 벌어지는 경탄 뒤에 있는 줄도 몰랐던 실망이 차오르기도 했다. 이야기가 부글거리기만 하고 끓는점에 도달하지 못할 때의 초조와 복잡한 고려. 대답을 기다리는 시간의 어려움. 이야기를 이야기로 만드는 동안의 괴로움. 모든 것이 내 자신을 초과하는 경험이었다.

나는 인터뷰를 마치고 돌아올 때마다 감정을 재연할 필요를 느꼈다. 나는 조금 전에 손을 댔던 명확성으로 불빛에 비춰진 그 사람을 알아낸 뒤 다른 일을 하고 싶었다. 과거는 이미 겪었고 미래도 미리 본 것 같았으니까. 그런데 회고를 둘러싼 감정은 확대한 사진처럼 자꾸 뭉개졌다. 흐릿하거나 밀집되고, 너무 빨라서 알아챌 수 없게 긁힌 블루스처럼.

어떤 세계 안에서 누군가를 알고 싶다면 그의 결핍을 들추어야 할 것이다. 각자는 자기가 맛본 세계의 유일한 중심체, 그가 겪은 것을 경험하지 못하는 한 완전한 이해는 없다. 그 마음의 극단으로 다가가 더 깊이 엿본다 해도 모든 글자는 감상적인 암호에 불과할 것이다. 그는 타인이 그리는 사람이 아니고, 그 스스로 생각하는 사람도 아니니까.

나는 다른 방법을 찾았다. 셰익스피어는 유도 미사일의 정확도로 언어를 사용했지만, 나는 그들의 사색에 나의 해석을 덧붙이고, 기호를 곁들이고, 마지막 순간에 그것들을 조직했다. 그러나 다른 사람의 안을 들여다본다는 것에는 확실히 직선적이고 독단적인 측면이 있었다. 전지적으로 보고자 하는 무모함이 불안을 주기도 할 것이다. 다들 자기 삶에 대해서는 그렇지 않으니까.

결국 인터뷰란 영원히 닿을 수 없는 나무 열매를 잡는

일과 같았다. 어느 틈에 나는 뾰로통해져선 변명하고 있었다. 인생은 투쟁 이전에 사상인데, 사상을 이야기하는 일에 무슨 객관성인가. 해석의 차이를 받아들일 관용도 없다면 인터뷰를 왜 읽는단 말인가.

이때 질문이 빗발친다. 그의 경험을 파악하려는 나의 필요는 정당한가? 내가 묘사한 사람은 그 자신의 진짜와 무슨 상관인가? 공허한 수사는 어떤 형태를 갖추게 될까? 타인이 제멋대로 자기를 가두고 계량하고 분류하고 판단하는 것을 누군들 좋아할까? 혹시 내가 무엇을 보았다 한들 한낱 구경꾼의 눈 아닌가? 결국 나는 내 삶에조차 타자 아닐까? 그들을 인터뷰하기 전에는 갖지 않았던 의문은, 부담스러우나 다루는 법을 배워야 할 인생의 한 부분이 되었다.

분명 그들만의 문법과 구문론은 따로 있었다. 세속의 평가가 닿지 못할 날것의 정서, 이기는 것이 목적인 세상에서 고수하는 확신, 남들의 비위를 거스르며 스스로를 포용하는 반란. 그러나 무엇이 조금만 있으면 '주의'라고 불리는 세상에 나는 그들의 날선 광대뼈가 아닌 불안을 보고 싶었다. 우울과 낙담을, 설명할 수도 없게 연약한 마음을. 놀랍게도 그들은 꿈과 세속 사이에서 분투하는 성장기 아이처럼 말했다. 명성이라는 한 축과 자기 지각이라는 또 다른 축 사이에서 내가 본 것은 부정할 수 없는 부끄러움과 또렷한 순진함이었다.

공통점(한 사람에서 다른 사람으로 옮겨가는 이야기의 연속성)은 더 있었다. 할 줄 아는 게 그것밖에 없다는 하나의 선택, 하나의 경향. 가장 놀라운 것은 놓친 기회에 대해 말할 때조차 철학적이라는 사실이었다. 삶에는 더러 기술적인 면도 작용하지만, 예술적인 면이 없다면 거기에 무슨 의미가 있단 말인가.

그들의 이야기는 희망 대신 도그마를 재생산하는지도 몰랐다. 양초 심지에 붙은 불꽃처럼, 도그마가 깊이 새겨질 때 희망은 흔들릴 것이다. 말로 형용할 수 없는 덧없음 속에서. 그러나 음악을 그토록 달콤하게 만드는 것은 연주자가 영원히 연주할 수는 없다는 사실 아닌가?

이 글은 모아놓은 질문, 쓸어 모은 대답이 아니라 기나긴 모니터링과 외로운 의심 끝에 적힌 것들이다. 나는 곧 알게 되었다. 그들이 들려주는 것은 표현의 방식이 아니라 표현의 목적이라는 것을. 모든 것이 전적인 실망과 사라지는 욕망에 달려 있다 해도, 이렇게 나약한 인생의 한 코너에 그들이 있다는 것이 얼마나 중요한 일인가.

차례

프롤로그
명백히 사적인 관점   5

지금의 노래
최백호   15

마운드의 토르
강백호   49

다름의 평등함
법륜   77

마음속의 완구 공장
강유미   103

파도 속의 영원
정현채   137

최초의 이름
강경화   169

백자의 마음
진태옥   203

캠퍼스의 호로비츠
김대진   233

소년의 심장
장석주   265

얼음의 꽃
차준환   295

죽음의 왈츠
박정자   331

지금의 노래

최백호

"아흔이 돼도 저는 〈입영전야〉를 부를 수 있거든요. 소리가 안 나올 때도 노래하는 방법이 있어요. 그래서 저는 나이 들어 여든이 되면 여든의 호흡으로 노래하면 된다고 생각해요."

최백호는 참 이상한 가수다. 가수들은 시간이 지나면 목소리를 잃어버린다. 올해 일흔두 살, 최백호 보컬의 르네상스는 비등점에 다다랐다. 젊었을 때보다 폐활량이 커지고, 기술적으로 진화했으며, 우수는 바다 끝에 이른다. 요즘 부르는 〈낭만에 대하여〉가 1995년 발표된 트랙보다 두세 키 높다는 걸 알면 누구든 완전히 미쳤다고 생각할 것이다. 비정제된 힘, 뇌엽을 울리는 타격감, 침착한 상태로 전진하는 민감함, 의지로 가득한 음표는 어디서 오는 것일까?

"전성기가 없었기 때문이 아닌가…. 연습하는 방법이

조금 다를 수도 있어요. 가수들은 보통 연습들 되게 많이 하거든요. 또 전성기에 가수들은 굉장히 바빠지잖아요. 리허설도 실제 나가서 하는 공연처럼 목을 많이 써요. 그런데 소리는 냉장고 안에 있는 음식처럼 많이 꺼내 먹으면 빨리 없어져요. 그럼 나이 들어서 고음도 훨씬 빨리 떨어지고 호흡을 못 써요. 저는 그러지 않아요. 녹음할 때나 현장에서 공연할 때는 소리를 크게 내지만 연습할 때는 그저 가사 느낌만 좀 익힌다는 식으로 조용 조용하게, 작게 해요. 저는 공연도 많이 하지 않고 천천히, 천천히 해왔기 때문에 그게 어떤 면에서 조금 더 지탱해온 이유 중 하나일 거예요. 저는 시간이 지나면서 만들어졌어요. 성대가 이미 굳은 지금, 고음이 더 잘 나오는 원인은 저도 모르겠어요."

어쩌면 우리는 목소리를 극한으로 사용하는 것에 의심 섞인 두려움이 있는지 모르겠다. 나르시시즘에 빠진 샤우터들이 숭고한 자세로 온몸을 내던지며 강박적으로 내달릴 때마다 청음을 초과하는 과잉의 보컬에 뭔가 주춤거리게 된다. 언제 이렇게 모든 것을 짓이겨버리는 샤

우팅이 보컬의 안전핀이 되었을까.

5월의 오후 두 시, 여의도의 한 호텔 커피숍에 먼저 앉아 그를 기다리는데 과음한 뒤 입안이 마르는 느낌이 들었다. 옆에서 몇몇이 웅성거리는 커피숍에서 내밀한 이야기를 해야 하다니. 그는 곧 식은땀이 마른 듯 지쳐 보이는 얼굴로 다가와 서가를 배경으로 앉았다. 그리곤 "오늘 몸이 조금 아파요" 하고 말했다. 광채보다 그림자가 먼저 들어오는 얼굴은 몇 해 전에 크게 앓았던 여파일까. 광량이 많은 시간에 그 사람의 머리카락이 침울하게 반짝거렸다.

몸이 안 좋다는 사람에게 무슨 말을 하나, 우물쭈물하다 부드러운 곤색 재킷과 티셔츠, 몸에 붙는 청바지와 스니커즈의 감도 높은 착장을 보니 기분이 달라졌다. 그 세대의 어른들은 다들 어디서도 원하는 것을 찾지 못하는 중학생 같은데, 유독 감각적인 룩은 어디에서 왔을까. 어떤 룩이 자기에게 맞는지 안다는 것은 스스로에 대해 잘 알고 있다는 이야기일 것이다. 요구에 맞게 무엇을 입을지 선택하는 태도란 한마디로 자유. 스니커

즈 삭스 위에 드러난 발목은 매우 스타일리시한 유머 같
았다. 즉, 그의 나이와 무드 사이에는 직접적인 연관성이
없었다.

"20대부터 이렇게 입었어요. 지금까지 변함이 없어요.
20대 때 사진을 보면 지금하고 똑같아요. 펑퍼짐하지 않
은 옷, 타이트한 바지 좋아해요. 이 재킷은 외국 여행 가
서 11만 원 주고 샀어요."

그는 바젤이라는 저렴한 브랜드를 좋아한다면서 재킷
목 부위의 라벨을 펼쳐 보이곤, 다시 티셔츠를 손가락으
로 집었다.

"이건 풀앤베어. 굉장히 싼 거예요. 비싼 건 못 입어
요. 어릴 때부터 가난하게 살아서. 신발은 많아요. 이건
아디다스에요. 이마트에서 막 매대에 얹어놓고 세일할
때 2만 얼마에 샀는데 그때 몇 개 안 산 게 후회돼요. 지
금 한 5, 6년 신었는데 너무 좋아요. 쇼핑할 때 사람들이
저는 못 알아봐요. 평범하게 생겨서."

노래를 위해서는 아이 같아야 할까? 마음은 그렇게 열
여덟 살에 머물러야 할까?

한 사람의 서정적인 일대기에는 딱히 이름 붙일 말이 없다. 그러나 45년 전, 10대 소녀들이 부끄러워 손으로 얼굴을 가리고 친구 방구석에서 〈내 마음 갈 곳을 잃어〉를 불렀을 때, 라디오 다이얼조차 만질 수 없었던 세대의 남자들이 감상적으로 〈애비〉를 노래할 때, 스물두 살의 〈입영전야〉에 담배 연기 속에서 소주잔을 한 입에 털어 넣을 때 최백호 노래는 우리 세대의 주제이자 시절의 감정이었다는 것을 알게 된다. 시간을 건너 도달하는 합의. 청자(聽者)의 경험을 아우르는 노래는 단지 노래 한 곡이 아니라 경험 하나를 약속한다. 그리고 한국인과 최백호 노래는 어느 새 관례적인 일부일처제 사이가 되었다.

* * *

그는 스탠드 마이크로 노래한다. "손에 마이크 드는 게 어색해서." 하긴, 그는 마이크를 휘장처럼 휘감는 퍼포머가 아니지. 눈을 감은 채 두 손을 늘어뜨리면 달려갈 곳도 숨을 곳도 없다. 그가 음절 하나하나를 돌보듯 터치할 때 어느새 가슴께로 올라온 두 손은 몸의 언어를 보탠다. 그리고 관객들이 목을 길게 빼고 그의 노래를 들을 때 모든 음정을 빠뜨리지 않겠다는 상반신의 그 표정들. 처음 듣고 몇 십 년이 지나도록 그 순간을 얼려 두고두고 꺼내 보는 노래가 얼마나 될까.

언젠가 최백호의 〈오랜 벗〉을 좋아하는 2002년생 청년이 나에게 말했다.

"비현실적인 이상을 노래하는 게 아니라 지금의 현실을 노래하고 있어요. 가사나 코드가 상업적이었다면 과거와 지금 노래가 달랐을 텐데 자기 노래를 유지하고 성장시키려는 모습이 노래를 정말 사랑한다는 느낌이 들었어요."

최백호는 송창식을 동경했다. 부산 라이브 클럽에서 노래를 부르던 20대에 그는 〈딩동댕 지난 여름〉 같은 송창식 노래를 불렀다. 가끔 이장희 노래도 불렀다.

"송창식 선배님은 기존 대중음악을 박차고 나온 사람이었어요. 군사정권 시절에 가슴속이 응어리진 저희에게 절대적이었죠. 누가 이렇게 쓴 적이 있어요. '최백호와 누구누구는 송창식을 벗어날 수 없다.' 기분이 나쁘지 않았어요. 그래서 그냥 하는 얘기로, 다음 앨범 타이틀은 '송창식 벗어나기'로 해볼까…."

그러나 최백호 역시 기존 공식에 반발하지도 수긍하지도 않으면서 자기만의 사조를 만들었다.

1977년, MBC 10대 가수 가요제에서 선우혜경과 함께 신인상을 받은 최백호는 당대 가수들이 순진한 듯 발랄하게 노래할 때 무대를 도외시한 '와이셔츠'에 조끼 차림으로 등장했다. 어떤 훈장도 못 느끼는 듯 때꾼한 눈, 파인 볼, 이마를 가로로 덮은 머리. 그리고 그의 손톱이 화려할 것 없는 튜닝으로 쇠줄 기타를 연주할 때, 다른 손가락 사이에서 나는 음들이 스프레이처럼 뿌려지면 텅 빈 마분지 같은 목소리는 눈길을 걸으며 옛일을 잊겠다고 노래한다. 마지막 소절 "가을엔 떠나지 말아요. 차라리 하얀 겨울에 떠나요"에선 원곡과 달리 "가을엔, 가을엔, 가을엔" 세 번 반복하는 담력까지 보여주면서.

"현실감이 안 들었어요. 기타를 어떻게 치는지 노래를

어떻게 하는지 전혀 모르겠는데, 우리 누님이 딱 올라와 꽃다발 주실 때 정신이 번쩍 들었죠. 그날은 참 안 잊혀요. 하숙할 때였는데, 정장 입으라고 해서 MBC에 있는 검은색 정장을 입었는데, 또 그 옷에 기타 치면 안 어울리겠다고 해서 셔츠만 입고 나갔더니 그것도 이상하다고 누가 조끼를 빌려줬어요. 하루하루가 현실적으로 안 느껴졌어요. 무명 가수로 명동에서 쭉 노래하다가 내 앨범 나오고 일주일 만인가, 밤늦게 일하고 나오는데 레코드점에서 내 노래가 나오는 거예요. 레코드점 아저씨가 한 달간 계속 리와인드시켰어요. 그 순간이 참 안 잊혀요."

그러나 노래의 보상은 부와 스타덤으로 가는 열쇠와 거리가 있었다.

"첫 노래가 알려지고 난 다음부터 히트곡이 안 나왔어요. 절벽에서 누가 내 머리를 잡고 있다가 놓으면 떨어지는 기분이었어요. 그때는 노래 그만두려고 시도 많이 했어요. 미국에서도 살아보고, 부산에서도 만 2년 살고. 그런데 노래를 그만두니 아무것도 할 게 없었어요. 노래

외엔 할 줄 아는 게 없었어요."

　가수로서의 첫 불황 이후 1995년에 쓴 상실의 애도곡
〈낭만에 대하여〉는, 노래는 아무리 남성적이어도 고독
하다고 귀띔하며 천공으로 치솟았다. 노래는 자주 멀리
있다. 나하고 상관없는 이야기를 할 때 노래를 구성하는
요소와 이격이 생길 것이다. 그런데 〈낭만에 대하여〉가
옛날을 불러오는 우연한 방식은 그 정서를 모르는 사람
도 완전히 홀리고 말았다. 들리는 노래와 따라오는 기억
사이에 아무 연관성이 없는데 왜 슬퍼질까? 어째서 빨
간 단풍조차 회갈색으로 보일까? 대책 없이 허전해져선
아무나 붙잡고 울고 싶어지는 건 왜일까? 우리를 남겨
두고 떠난 세월, 영원히 한 번뿐인 것.

　"잃어버린 낭만이란 시간이죠. 젊은 시절 어떤 실연의
상처마저도 지금은 아쉬우니까요."

　이것을 작위적인 미학의 절대성이라고 부를 수 있을까?

* * *

요즘 티브이는 온통 관찰 카메라와 음식과 트로트의 삼
위일체로 부산하지만, 누군가는 이 세태의 노래가 석양
을 마주하고 있다고 생각한다. 진공의 삶 속에서 자부심
강한 티브이 금지론자 뉘앙스의 사람이 말했다.

"저는 제 이야기를 노래로 만들어요. 저희 세대 싱어
송라이터들처럼. 요즘은 남이 만들잖아요. 옆에서 봐주
는 대로 하니까 개성을 잃어버렸죠. 노래 만드는 방법도
달라요. 요즘은 멜로디 먼저 만들고 가사를 붙이니까 가
사에 진실할 수 없죠. 저는 가사부터 써놓고 멜로디를
붙이니까 거짓말할 수 없어요."

가사와 주제와의 관계, 주제를 둘러싼 맥락, 맥락이
제시하는 의미는 화자에 따라 다를 것이다. 그리고 그는
노래가 응당 위치해야 할 최전면에 직접 쓴 가사를 배치
한 다음 진실이라는 오랜 기치를 들었다.

"어머님이 글을 쓰셨어요. 저는 어머님의 영향을 많이
받았어요. 개인적으로는 운이 좋았다고 생각해요. 공부

하나도 안 했거든요. 저는 고등학교도 부산에서 정말 깡패 학교, 똥통 학교를 나왔어요. 고등학교 3학년 동안 아예 공부를 안 했고, 학교도 거의 안 나갔어요. 관심이 없었어요. 어느 날, 고등학교 3학년 때 국어 선생님이 저보고 후배들 데리고 진해에서 하는 백일장에 나갔다 오라는 거예요. 학교가 얼마나 엉터리면 문예반도 없었거든요. 제가 왜 가야 하냐고 했더니 하여튼 갔다 오라고 했어요. 정말 깡패 학교여서 보낼 애들이 없는 거죠. 그래서 그나마 저보고…. 모르겠어요. 내가 글을 쓴 것도 아닌데. 글을—글도 아니죠—노래 가사를 쓰고 곡을 쓰는 건, 그 뒤에 기타 치고 노래하는 게 직업이 되면서 내 걸 좀 만들어보자, 하는 생각으로 시작했어요. 그냥, 그냥 되어온 거예요."

"어떤 트레이닝 없이도 곡을 쓸 수 있다는 건가요?"

"네. 일단 기타를 치면서 노래할 수 있는 정도의 트레이닝이 됐겠죠. 근데 따로 공부를 한다든지 그런 건 없었어요. 악보를 볼 줄도 몰랐죠. 지금도 전문인들처럼 완벽하게 하진 못해요. 그래도 곡을 쓸 순 있어요."

노래는 독립적인 동시에 역사적 시간을 감싸 안는다. 그리고 그는 모래를 밟는 것 같은 목소리로 태어난 지 5개월 만에 세상을 뜨셨으나 항상 존재하는 아버지 이야기를 들려주었다. 보이는 것과 보이지 않는 것으로 버무려진 가계의 이야기를.

"아버님은 고향에서 학교 다닐 때 말을 타고 다녔어요. 야, 그땐 다 화물칸 뒤에 달린 객실에 타고 통학을 하는데 우리 아버지가 말을 타고 막 신작로를 지나간다거나, 스물아홉에 정치를 시작하셨는데—무소속으로 출마하셨죠—선거운동 할 때 자유당 사람들이 마이크 시스템을 다 가져가버려서 아버님이 의자에 올라가 쩌렁쩌렁한 목소리로 연설했다는 식의 신화적인 이야기를 많이 들었어요. 저에게도 정치적인 요소가 조금 있어요, 그런 피가. 제가 하진 못하겠지만."

곧 부친의 암살이라는 미스터리도 곁들였다. 묻힌 각주를 망각으로부터 끌어올리며.

"그건 저희 가족들 생각인데요, 아버님은 무소속이었지만 김구 선생님 계열이에요. 제가 국회에서 찾아보니까 굉장히 발언을 과격하게 많이 하셨더라고요. 그때 아버님이 제거됐을 수도 있다는 이야기가 많았대요. 돌아가신 상황이 말도 안 되니까. 6·25 당시 대구에서 아버님이 운전기사 옆에서 지프차를 타고 내려오시는데, 건너편에 터키군 트럭들이 북진을 하고 있었던 거죠. 보통 군 트럭은 천천히 가잖아요. 그런데 어느 다리에서 트럭 한 대가 이탈해 지프를 받아서 아버님이 다리 밑으로 떨어진 거죠. 우리 가족들로서는 너무 뭔가 이상해서 4·19 이후에 어머님이 조사해달라고 한 적도 있었죠."

*　*　*

몇 차례 전시회를 열고 작품도 팔아 그 자신이 운영하던 뮤지스탕스 사무실 경비도 충당할 만큼의 솜씨로 그는 유난히 나무 그림을 많이 그렸다. 도심의 겨울나무가 자기 모습 같아서. 시골에서 서울로 올라와 정들이지 못하고 살던 자기 같아서.

지금도 경계심이 많아 사람을 잘 만나지 않는다. 간혹

배철수와 축구를 하고, 구창모와 골프를 치는 것 외에 특별히 친한 가수가 없다. 앨범 작업했던 젊은 뮤지션들과도 따로 연락하지 않는다. 도대체 자기를 포위한 세계 밖으로 나갈 생각이 없는 것처럼.

"신인 때 〈내 마음 갈 곳을 잃어〉를 요즘으로 치면 기획사에서 피알을 한 뒤로는 한 번도 제 노래를 홍보해본 적이 없어요. 〈낭만에 대하여〉는 김수현 선생님 때문에 크게 알려졌지만, 그 노래가 나온 지 20여 년이 되도록 김수현 선생님께 한 번도 고맙습니다, 하는 이야기를 해본 적이 없어요."

"어째서요?

"그 분이 사람을 잘 안 만나신다고 그래요. 그래서 저도 접근하기 좀 그랬는데, 이번 주 주말에 제가 찾아뵐 거예요."

"무슨 계기로요?"

"강부자 선생님한테 처음으로 부탁을 드렸어요. 식사 한 번만 하게 해달라고. 그랬더니 '그래 한번 보자'고 하셨대요. 강부자 선생님이 말씀을 잘해주셨나 봐요."

그 낯빛에 어른거리는 소년다움의 비밀은 무엇일까? 그 눈 주위에 떠다니는 것은? 그의 낱말 속으로 들어온 삽화가 그의 기질을 다듬을 때 마음이 달처럼 온화해졌다.

"제가 하는 모든 일에 순수하게 접근하려고 해요. 노래하는 것도 그렇고, 아마추어지만 그림 그릴 때도 그렇고. 아까 잠깐 얘기한 마포 뮤지스탕스를 할 때도 정말 순수한 마음으로 들어갔거든요. 정말 7년이란 세월을 열심히 했고. 어떤 일이든 그만둘 때 마음속에 티끌을 하나도 안 남기자고."

시민의 양심과 양식에는 공고한 질서가 자리 잡고 있었다.

"무엇보다 돈이 관련된 일에는 금전적으로 깨끗해야 해요. 제가 매니저를 못 들이는 이유 중 하나가 사람을 못 믿어요. 사람에 대한 불신이 커요. 특별한 계기는 없는데 타고난 성격인 것 같아요. 약간 까다롭다고 할까요. 돈 문제 같은 것도 굉장히 철저한 편이에요. 매니저들을 두어 번 둬봤는데 안 되겠더라고요, 도저히."

그의 수굿한 어조에는 어떤 초조도 없었다. 그리고 아무 과시 없는 얼굴이 풍기는 어떤 자족성.

"제가 재작년에 많이 아팠어요. 먼저 가는 게 아닌가 싶을 정도로 심각했어요. 몸이 한 10킬로그램 빠졌어요. 지금도 반밖에 안 돌아왔어요. 그때 와이프하고 이야기를 참 많이 했어요. 아프고 나니 40년 가까이 살면서도 우리 와이프가 이런 사람이었구나, 하는 걸 그때 처음 알았어요."

최백호의 〈얼굴 하나〉가 생각났다. 당연히. 가수에겐 노래 하나가 일생의 축약이자 축적이니까. 노래를 결정짓는 것은 노래하는 사람의 스토리니까.

"지금까지 살아오면서 어떤 면으론 지금이 가장 안정되고 행복해요. 요즘은 코로나 때문이지만, 와이프하고 같이 있는 시간이 참 좋아요. 와이프는 완벽주의자예요. 뭘 해도, 음식도 세팅을 해줘야 해요. 저는 젊었을 때 음식에 전혀 생각이 없었어요. 아무거나 먹고 배만 부르면 됐어요. 마음대로 편하게 먹어야 해서 차려지는 걸 못 참는데 이제 잘 적응하고 있어요."

그는 딸이 다섯 살 때 〈애비〉를 썼다. 얼마 전 그 딸이 손녀를 낳았다. (정작 딸의 결혼식 땐 〈애비〉를 부르지 않았다.)

"손녀가 지금 21개월 됐는데, 딸아이의 21개월은 전혀 기억이 안 나요. 손녀는 완전히 달라서 우리 딸아이 기억이 안 나는 걸까요? "

어떤 의미론 자식을 낳아 기르는 것이 윤회의 또 다른 의미 같다고 내가 말하자 그의 눈이 반짝, 개구지게 변했다.

"인사동에 친구들 모임이 있어요. 장사익 선생님도 그때 있었어요. 그때 천국과 지옥이 있다면 어디냐, 달 뒤냐 화성이냐, 우스갯소릴 한 적이 있어요. 저는 어릴 때부터 사후 공포에 굉장히 시달렸어요. 일찍 돌아가신 아버님은 지금 어디 가 계시는가. 스무 살 때 어머님이 돌아가셨는데 화장하러 들어갈 때 너무 충격이 컸어요. 어느 날 깨우쳤어요. 육신에서 영혼이 빠져나가면 다른 데로 흩어지지 않고 물리적으로나 화학적으로 가장 가까운 자식 몸속으로 들어가 어떤 요소를 가진다. 국어 공부 하나도 안 했던 제가 노래 가사를 쓰고 음악 공부 하나도 안 한 제가 노래를 하는 건 우리 어머님이 내 몸속에서 작용하시기 때문이라고 믿어요. 쭉 이어온 혼들의 모임이 DNA로 작용한다고. 그래도 사후의 무서움은 없어지진 않았어요. 아직 자식의 몸속에 가긴 싫죠."

더 큰 두려움은 육신의 취약함인지도 몰랐다. 두려운 것은 두려움 자체. 잎은 떨어져 뿌리로 되돌아갈 것이다.

"얼마 전 투어 중에 쓰러진 적이 있었어요. 공연 전에 급하게 물을 마셨는데 그게 체한 거예요. 물도 체하더라고요. 그냥 털썩 주저앉아 정신을 잃었어요. 처음에는 숨이 콱 막혀서 죽는 건가, 생각하다가 살아나서 그래, 이렇게 죽는 것도 괜찮겠다…."

공연을 포기하고 싶지는 않았을까? 그는 광속으로 답했다. "할 수 있어요, 공연은."

1970년, 광주의 한 극장에서 공연을 못 할 정도로 아팠던 배호가 생각났다. 그때 그는 누군가의 등에 업힌 채로 노래했었지.

"배호 선생을 어떻게 아세요? 저희 세대예요. 정말 좋은 가수죠. 소리는 타고나요. 슬픈 노래가 슬프게 들리는 건 부르는 사람이 슬퍼서가 아니라 타고났기 때문이에요. 노력만으로 되지 않아요. 제가 보기에는, 톱에 올라선 사람들은, 예를 들어 결핍된 가정 아이들이 많아요. 걱정 없이 자란 아이는 절대 슬픈 노래 못 불러요. 마음 아프게 살았거나 어릴 때 이별을 겪은 사람들은 그냥 불러도 슬퍼요."

그렇지만 최백호 노래가 더 슬펐다. 1970년대의 어느 때 그는 종일 우울해 보였다. 지금도 소슬한 우수는 최백호의 피부와 같아서 벗겨낼 수 없다. 그가 '영일만 친구'더러 젊은 날 뛰는 가슴 안고 지평선까지 돛을 높이 올리자고 노래해도, 부푼 돛단배의 이상과 그의 실시간 우울은 어긋나 보였다. 그가 전압이 차오른 목소리로 쏟아지는 빗속을 '뛰어'보라고 권해도 신나지 않았다. 멜로디가 자꾸 하강하는 것 같아서. 어쩌면 그가 부른 노래는 슬픔에 대한 현대적 반응이며 이해였을까?

"〈뛰어〉는 가사가 되게 슬픈 노래예요."

"부딪치는 빗방울이 즐겁다고 하는데도요?"

"네. 제가 그런 유의 노래만 불러서 그럴 거예요. 제가 힘든 일을 많이 겪어서 그게 제 몸짓에 목소리에 다 배어 있지 않나…."

슬픔은 형태가 없다. 오직 슬프기만 한 음도 없다. 그런데 그 소리 속의 슬픔은 무엇일까? 슬픔의 구조는?

"그래도 저 자체는 굉장히 밝고, 굉장히 긍정적이고, 굉장히 활동적이에요."

확실히 최백호의 노래는 소리와 불안이라는, 만질 수도 맛볼 수도 없는 추상적인 요소를 사용하면서도 거기에 마음 하나가 추가돼 있다.

* * *

옆 자리 손님들이 일제히 자리에서 일어났다. 호텔 커피숍이 산사처럼 조용하게 느껴졌다. 정차를 준비하는 기차 소리. 완만한 시간의 속닥거림. 급할 것 없는 세월이 흘러가고 있었다. 사실은, 커피숍 매니저가 코로나 때문에 한시간만 있을 수 있다고 고지했기 때문에 조금 초조해져서 시계를 힐끔대는데, 그는 오히려 여행을 떠나는 사람처럼 입술이 부풀었다. 양지식물 같은 파장을 그리면서.

그는 자기가 이중적이란 걸 알까. 소슬한데도 방어적이고, 초월적으로 보이면서도 완강한 두려움에 싸여 있고, 음울해 보이나 내적인 강인함은 뚫고 들어갈 수 없다. 그렇게 민감한 사람이 무정하리만큼 방심하게 말하다니. 카메라를 거북해하는 듯 너무나 포토제닉하고, 옷으로 사치하지 않으면서 배색과 재질에 밝으며, 오디오 장비 욕심은 없는데 자동차 시승기를 쓸 만큼 기계를 잘 안다. 석양 아래 선 방랑자 같으면서도 아버지의 피가 준 정치적 기질, 세속에 둔한 듯 보이되 비영리단체를 운영하던 행정적인 두뇌. 무엇보다 스니커즈를 좋아하는 취향을 보면, 얼굴만 청년인 현자거나 에고가 많은 아이일 것이다.

"저는 내 자신에게 애정이 지나쳐요. 그래서 항상 불안해요, 약간 몸이 아파도. 그리고 굉장히 예민해요. 어릴 때도 그랬고, 지금도 잡념이 너무 많아요. 머리가 항상 편안하게 쉬질 못해요. 낯선 나라에 가서 바닷가에

해먹 하나 놓고 드러눕는 건 못합니다. 절대 못해요. 머리가 너무 복잡해서. 만화책을 보면 그게 일단 지워지니까, 집중할 수 있으니까. 아마 그래서 책을 무진장 많이 봤어요. 책 자체를 좋아하기도 했지만. 지금도 폰을 무지하게 많이 봐요. 생각을 멈추기 위해. 폰을 봐야 편안하게 앉아 있지, 안 보면 몸을 움직여야 해요."

인간이 어떻게 생각을 그만둘 수 있을까? 세상에서 제일 괴로운 건 끊임없이 떠오르는 생각인데.

"참선도 생각해봤어요. 절에 가면 벽 보면서 할 수 있다던데. 그래서 오대산 월정사에 들어가서 며칠 혼자 있어도 보고 했는데 안 되더라고. 소리는 조용한데 더 복잡해. 하여튼 정신적으로 문제가 있는 거죠."

하긴 침묵만큼 시끄러운 게 있을까.

음악의 환영은 노래가 어떤 사람의 삶과 아주 가까이 있다고 믿게 하는 것이다. 진실은 그 반대이다. 음악은 정형이지만 삶은 무정형이니까. 그런데 그가 노래하면 청년들이 연호한다는 걸 그 사람은 알까?

"제가 부를 땐 한 번도 그런 적 없었어요. 나이 드신

분들은 그런 반응이 있어요. 젊은 사람들은 저 몰라요. 모르는 사람들이 대부분이에요. 〈부산에 가면〉하고 〈바다 끝〉을 많이 듣는다는 건 알아요. 그런데 그 노래를 부른 저하고 〈낭만에 대하여〉를 부른 저하고는 달라요. 다른 사람인가 봐요. 〈바다 끝〉은 제가 만든 노래가 아니어서 감정의 무게가, 공감이 좀 떨어져요. 〈부산에 가면〉은 조금 덜 하죠. 좋아하는 노래지만, 객관적으로 내가 만든 노래를 부를 때만큼은 아니에요. 공연 때는 별로 안 불러요. 부산에 갈 때는 불러요. 〈바다 끝〉은 안 부르고. 공연 오시는 중년들은 그 노래 몰라요."

자기 인생을 이해하는 가사를 쓴 뒤에야 페이소스가 다른 사람들 마음을 움직일 수 있다는 듯이. 그렇지 않으면 잘 조종된 거짓말이라는 듯이. 그리고 그가 직접 쓴 노랫말은 하나의 조항이자 문구로서 그 사람만의 모국어에 도달한다. 의미를 부여할 곳에 정확히 의미를 부여하며 노래하는 그 입술 밖으로 나오는 것이다.

"지금까지 앨범을 스물 몇 장 냈는데 알려진 건 네다섯 개. 나머지 앨범들은 어떤 면에선 좌절이죠. 젊을 땐 그게 힘들었는데 이젠 괜찮아요. 이제는 경제적으로 안정됐으니까. 〈낭만에 대하여〉라는 히트곡이 없었다면 지금도 생활에 쪼들리겠죠."

불안정은 굶주림. 그는 육체에서 이탈된 노래를 부르는 듯하나 나무 등걸 안에서 사는 사람이 아니다.

* * *

가끔 궁금했다. 목소리는 어디에서 올까. 테크닉이 감정을 부르는 걸까, 감정이 테크닉을 끌어올리는 걸까. 보컬 재능이란 무엇일까? 세이렌처럼 끊기지 않고 휘몰아치는 금속적 비브라토? 천장에 난반사되는 대형 가수의 '마이웨이'? 목젖이 여섯 개나 되는 듯 구름을 뚫는 옥타브? 그럼 유재하나 존 레논은 노래를 못한다는 얘기일까? 지금 가수들은 가창의 역사 속에서 그를 참조할 것이다.

"에릭 클랩튼도 노래를 잘하지는 않잖아요. 근데 확 가슴에 와닿죠. 조수미 노래도 다른 방향에서지만 가슴에 확 와닿잖아요. 진정성이 제일 중요해요. 그냥 가사를 읽기만 하면서 멜로디 따라 부르기만 하냐, 아니면 가사를 다 느끼면서 노래를 부르느냐, 그 차이죠. 소리를 잘 내면 좋겠죠. 그런데 글쎄요, 대중가요는 너무 소리를 잘 내도 안 좋은 거 같아요. 저는 요즘 노래하는 어린 친구들한테 실용음악과 가지 말라고 말해요. 연주라면 정보도 알게 되고 배울 것도 많은데, 가창은 그 학교 선생님 따라하게 돼요. 사람마다 호흡이 다른데 선생님이 호흡하라는 데서 호흡하고, 소리도 똑같이 내고. 고음을 잘 내는데도 와닿지 않잖아요."

소리의 충실성에 대한 연구. 노래라는 적응의 제단에서 좀 더 높은 경지를 향한 음표의 줄달음.

"저는 노래하는 저만의 방법, 이런 게 없어요. 같은 노래도 할 때마다 다 달라요. 똑같이 못해요. 음반처럼 똑같이 못 불러요. 그런데 아흔이 돼도 저는 〈입영전야〉를 부를 수 있거든요. 소리가 안 나올 때도 노래하는 방법이 있어요. 그래서 저는 나이 들어 여든이 되면 여든의 호흡으로 노래하면 된다고 생각해요. 젊었을 때 한 호흡으로 했다면 네 호흡으로 나눠서 해도 얼마든지 감정을 표현할 수 있어요. 대부분의 가수들은 젊었던 시절에 자기들이 내던 소리, 그게 안 나오면 화를 내죠. 근데 나이 들수록 호흡을 나눠서 하면 돼요. 제 호흡은 더 좋아졌어요. 젊었을 때는 생활이 방탕해서 매일 술 마시러 다녔는데, 지금은 술 안 마시고 나름대로 건강관리를 하니까. 호흡이 더 좋아졌죠."

패티 김은 왜 은퇴했을까? 어째서 보컬의 제한선을 그어버린 걸까? 얼마나 노래하고 싶을까? 지금 노래를 하면 얼마나 좋을까?

"패티 김 선생님은 자꾸 20대 때 소리가 안 나와서 답답한 거죠. 저는 패티 김 선생님하고 개인적인 친분이 없지만, 언제 한번 만나 뵙고 얘기하고 싶어요. 노래를 하시라고."

음계를 따라가는 그 마음이 자꾸만 보인다. 영원히 끝나지 않는 추격처럼. 중요한 것은 춤을 추는 것. 어디에서 출지, 다른 사람들은 추고 싶은지 상관하지 않고 혼자 계속 추는 것.

"아흔엔, 가늠할 수는 없지만 지금보다 훨씬 더 깊은

노래를 할 수 있겠죠."

"그렇지만 아무리 노래해도 들어주는 사람이 없다면 그래도 노래하며 살 수 있나요?"

"그럼요!"

노래가 일직선의 시간을 끌어안으며 꿈을 담을 때 그 사람의 시퀀스는 저 멀리 늘어나고 있었다.

* * *

변덕스럽고, 끝도 없이 새것을 요구하는 세상의 마디마다 최백호가 있다. 영화 〈자산어보〉에도, 드라마 〈나빌레라〉에도, 매일 밤의 FM 라디오에도, 새로 론칭한 '낭만이즈백' 유튜브에도 있다. 줄곧 내는 앨범에도, 테슬라 모델 3에도, 화실에도, 유예된 영화감독의 꿈 안에도 있다. 그는 결코 히트곡 하나가 노령연금이 되는 왕년의 가수가 될 수 없을 것이다. 그 사람 나이의 가수들처럼 클럽 밖을 외롭게 서성거리지 않을 것이다.

"정말 바빠진 건 예순 넘어서였어요. 이 상태는 그리

오래 가지 않을 거라고 생각해요. 각오는 하고 있어요."

지금 혹시 만기일을 이야기하고 있는 걸까?

"품위는 중요해요. 자기 기준을 지켜나간다는 게 쉽지는 않잖아요. 저는 어릴 때 교과서에 나오는 '큰 바위 얼굴'처럼 남고 싶어요. 외적인 모든 것에서 좋은 선배 가수 모델이 되고 싶어요. 삶이 끝난 뒤에 아이들의 아이들한테 우리 할아버지가 이상한 노래 만들었어, 그런 이야기 듣고 싶지 않아요."

고양이처럼 지금을 사는 그 사람은 새벽 시간을 제일 좋아한다고 했다.

"전 잠이 별로 없어요. 네 시간 자요. 여섯 시 반이면 일어나요. 두 시쯤 자거든요. 방송이 열두 시에 끝나서."

그는 매번 도치법으로 말했다. 지금 대답은 수순을 뒤집어 "방송이 열두 시에 끝나서"로 시작하는 것이 자연스러울 것이다. 그러나 이미 '실연의 달콤함' 같은 억양법에 익숙해져버린 것을.

얼마 전에는 잭 케루악의《길 위에서》를 재독했다.

"20대 때《길 위에서》는 금서였어요. 군사정권 때, 미국 히피들의 자유로움을 갈망할 때 나왔으니까. 나이 들어 완본을 보니 문학적으로 가치 있진 않더라고요. 지금 젊은이들은 우리가 느낀 감동 모를 거예요. 지금은 아주 흔해졌잖아요, 미국 문화라는 게."

이 다독가는 기형도 전집도 읽었다.

"어떻게 이렇게 세상을 보는 눈이 나와 완전히 다를까? 외롭고 쓸쓸하고 달콤해."

무라카미 하루키의 《1Q84》를 읽다가는 화가 났다.

"그 사람은 진실성이 없어. 진정성이 없어요."

"소설가의 진실을 무엇으로 가늠하죠?"

"너무 완벽하게 딱 짜여졌어요."

완벽이란 불완전함. 모든 것이 순수한 불평인 소년에게 진정성이란 탈취 불가능한 권리.

"미술이나 문학이나 인간이 만든 인간의 세계라고 생각해요. 음악은 먼 우주에서 왔어요. 어떤 사람들은 이미 좋은 멜로디가 다 만들어졌다고 하지만, 무궁무진해요. 그러니까 저도 70대에 훨씬 더 좋은 노래를 만들 수 있지 않을까요."

얼마 전에는 〈두 개의 술잔〉이라는 노래도 만들었다.

"미사리에서 노래할 때 무대에 앉아 보는데, 어떤 여자가 남자하고 술을 마시다가 다투더니 그대로 나갔어요. 그때 혼자 앉아 있는 남자애를 보면서 썼어요. 술잔은 두 개인데 혼자 남았다."

음악은 멜로디의 저장고. 하모니란 삶 속에 있는 것. 그에게 노래가 되지 않는 순간은 없다. 집에 오디오 시스템도 없이, 기타 하나와 '엉터리 같은' 피아노밖에 없는 채. 장르도 없다. 가사를 먼저 쓰고 장르를 정하니까. 중요한 것은 장르가 아니라 노랫말이 향하는 곳이니까.

마지막으로 이젠 아무도 묻지 않는 질문을 했다. 심장을 소매에 달고 다니는 사람에게라면 꼭 묻고 싶었다.

"인생의 의미는 무엇인가요?"

"내 삶에 뭔가 큰 게 기다릴 줄 알았는데 내일도 똑같다는 게 너무 실망이었어요. 사실 라디오를 그만두려고 했어요. 그런데 그 뒤에 더 나은 하루가 기다린다? 아니에요. 그래서 못 그만두었어요. 나이 든다는 게 즐겁고 이런 건 아니에요. 60대는 그래도 60대예요. 70대는 60대하고 느낌이 참 달라요. 죽음이라는 전제가 딱 현실로 와요. 삶에 대한 각오가 좀 달라지고 하루의 시간들이 심각해져요. 제 주변에서도 아주 가까운 친구들이 하나씩, 하나씩 떠나지만 그래, 별거 아니라고, 너무 슬퍼하지 말라고 말해주고 싶어요."

무슨 질문이든 그렇게 마음의 최고 데시벨로 답해주는 어른은 본 적이 없었다. 어떤 면으론 똑같은 테이프를 기계 두 개에 넣고 플레이하는 것 같았다. 연한 상심이 비 맞은 옷처럼 온통 몸에 달라붙을 때, 본 적도 없는 도라지 위스키의 맛이 났다.

그날 저녁, 집에서 〈낭만에 대하여〉를 틀었다. 그는 우리들의 부에나 비스타가 되었지만, 탱고의 4분의 4박자는 어쩐지 무서웠다. 모호하게 춤추는 추억 속에서 영원히 회상해야 하는 벌을 받는 것 같아서. 문득 〈낙엽은 지는데〉를 듣다가 자리에서 꼼짝 못한 채 미소지었다. 노래를 들을 때 일반적으로 기대하던 감정은 아니었다. 그냥, 그는 고독을 노래하지만, 노래로 덜 외롭다는 감정을 처음 느낀 것 같았다.

마운드의 토르

강백호

"저도 긴장하고 떤 적 많아요. 지나고 나면 어떤 선택을 하든 어느 부분 후회하기 마련이라서. 어느 게 좀 더 현명한 선택인지 생각하다가, 기왕 그런 상황이 왔을 때 좀 더 즐기고 침착하게 하다 보면 후회하는 순간이 덜 오지 않을까."

4월 햇빛이 이쑤시개처럼 따끔따끔한 날, KT 위즈 수원 구장 VIP실. 강백호는 검정색 뉴발란스 티셔츠와 빨간 반바지 차림을 하곤 아무렇지도 않은 얼굴로 들어와 아무렇지도 않게 소파에 앉았다. 아니, 소파를 가볍게 '걸쳤다'. 서 있을 땐 어디 다녀온 사이에 몸이 웃자란 옆집 동생 같았는데, 내 바로 옆으로 앉으니 양감이 순식간에 삼나무처럼 육중해져 한순간에 나를 릴리퍼트 소인국 사람으로 만들었다. 새카만 마스크 위로 감정이 실리지 않은 눈이 반짝거릴 때 어제 잘라서 옆으로 넘긴 갈색 머리가 조숙하면서도 스마트해 보였다.

"오늘 컨디션은 괜찮아요. 잠 많이 자고 와서."

강백호는 만화주인공처럼 약간 부푼 볼과 고저 없이 메마른 톤으로 말했다. 그리고 라텍스로 씌운 듯한 무표정. 어차피 말쑥한 몸에 고분고분한 남학생 이미지를 기대한 건 아니었다.

"야구장에서는 되게 파이팅 있고 승부욕이 되게 강한 선수지만, 밖에 나오면 그렇게 활동적이진 않아요. 그래도 나름 되게 친절한 편이니까, 편하게 다가와 주시면 저도 편하게 다가갈 수 있어요."

그 유명한 승부욕 때문에 강백호가 파이터 같은 줄 알았는데 어린 토르는 우리가 아는 이미지와 조금 달랐다. 너무 순진해서 타인이 경계심을 풀게 만드는 것도 아니지만, 시대가 달가워하는 게임스맨십도 없었다. 어떤 면으론 보다 내성적으로 보였다. 그가 경기장에서 감정을 다 써버릴 거라는 생각은 강백호에 대한 첫번째 오해였다.

인터뷰 전날, KT 위즈는 LG에 패했다. 필시 강백호의 4타수 무안타도 어떤 식으로든 한몫했을 것이다.

"열 받죠. 제가 못 쳐서 진 거기도 하고, 제가 좀 더 해결해주고 막혔던 구멍을 뚫어줘야 되는데 그걸 못해서 짜증이 많이 났는데, 저희가 장기 레이스거든요. 시즌 144 경기를 치러야 되고, 그 경기 속에서 항상 배우는 게 있다고 생각하기 때문에 그렇게 타격을 많이 받진 않았어요. 그렇지만 어제 같은 경우에는 상대 투수도 워낙 잘 던졌고 박빙의 승부였는데, 제 입장에서는 어떻게 해보고 싶다는 조급함이 있었던 것 같아요. 그래서 결과가 안 좋았는데, 오늘은 어제처럼 맥없이 끝나지 않게 좀 더 차분하게 경기를 이겨 나가야 될 거 같아요."

야구는 연극과 같다. 오늘 못 해도 내일 잘 할 수 있는 것. 강백호 마음의 태세에는 신체의 능력만큼 정서적 우수함이 관여하고 있었다.

야구는 주관적일 수 없으며, 선수는 종종 객관적 수치로 표시된다. 또한 프로 선수의 자격은 최고의 재능에 있을 것이다. 2018년 프로 데뷔 이후 세 시즌 동안 강백호가 친 홈런 65개(첫 시즌 29개, 두 번째 시즌 13개, 세 번째 시즌 23개)는 KBO 리그, 표지 같은 선배 거포들의 루키 시절 최다 홈런 기록을 넘었다(이승엽 54개, 김태균 58개, 김재현 47개, 심정수 42개). 그리고 영웅적인 모범을 따라 꿈의 타이틀이 강백호를 수식하기 시작했다.

데뷔와 동시에 대한민국 슬러거의 적자(嫡子)가 된 사나이. 그 이름 석 자에 보내는 세태의 흥미, 타석에 들어설 때마다 뿜어내는 본능적인 스릴, 특권 같은 재능과 아예 홀리고 마는 파괴력.

2018년 3월 24일, 프로야구 첫 타석 풀 카운트. 스무살 강백호는 입을 일자로 다물었다. 그리고 몸통 회전과 타이밍이 합작한 스윙. 배트가 제 힘을 못 이겨 등뒤로 완전히 젖혀질 때 공은 놀리듯 담장을 넘었다. 홈런. 동시에 강백호는 공보다 빠른 발사체가 되었다.

"당시 상황에는 그게 그만큼 충격적이라고 느끼진 못했어요. 생각이 그만큼 없었어요. 경기할 때는 그렇게 의식을 안 해서. 지나고 보니 확실히 임팩트는 있다는 생각은 들었어요."

사람들은 전시된 새 제품 가운데 가장 좋은 것을 찾아낸 것처럼 강백호를 연호했다. 그를 이토록 빨리 찾아낸 것이 얼마나 행운인지는 서로 알고 있었다. 일종의 핵 발견으로서.

그날 강백호의 타구에는 확실히 무력적인 데가 있었다. 그러나 사람들이 그 이름 석 자를 외칠 때 강백호는 환호작약하지 않았다. 감정적으로 그것과 거리를 두었다면 과장이겠으나, 승리의 영광을 만끽하는 듯 보이지 않았다. 거죽이 부처처럼 차분해서 날뛰는 그 마음이 보이지 않은 걸까. 그러나 강백호는 언제나 내가 여기 있다고 말하는 듯했다.

"사실 홈런을 친 순간엔 즐겁죠. 시원시원하고 좋은데, 야구를 하면서 매 순간 즐겁고 슬프고 짜증 나는 것들을 다 표현하다 보면 다음 경기에도 다다음 경기에도 지장이 있으니까요. 야구가 저 혼자만 하는 게임 종목이었으면 세레모니도 하고 그랬겠지만, 상대 팀도 있고, 저희 팀도 있다 보니까 많이 표현을 안 하는 거죠. 완전 클러치 상황이 아닌 이상은 되게 조심하고 자제하는 거 같아요."

어떤 특별함은 기술적 우월함보다 그것에 담긴 스토

리에 달려 있을 것이다. 2019년 11월 16일, WBSC 슈퍼 라운드 한일전 4차전은 웬만해선 잊을 수 없다. 경기 내내 끌려가던 7회 초, 주자 1, 2루에 볼카운트 2-3 2아웃 상황에서 강백호가 무시무시한 담력으로 쳐 보낸 추격의 2타점은 도쿄 돔을 오싹하게 얼려버렸다. 경기는 10 대 8로 패했으나 스무 살 강백호의 4타수 2안타 3타점은 결정적 순간에 존재감을 드러내는 스타 탄생의 수열에 불을 붙였다.

무엇을 더 이상 잘 할 수 없다는 것을 알려주는 아이 부족은 늘 있다. 아이들은 늘 앞선 벗들보다 더 강하고, 더 빠르다. 그리고 선배들을 패퇴시킨다. 운동 선수에게 한 걸음 한 걸음 가속해 나가는 기술은 그 종목의 묘미이자 선수가 생애를 들여 닦아 가는 무기일 텐데, 강백호에게는 어쩐지 그게 저절로 주어진 것 같다. 게다가 방망이를 든 소년 기인은 접전 상황에서 득점타를 쳐내는 클러치 히터. 꼭 2루에서 태어나 3루타를 친 것처럼. 자기가 가리킨 쪽으로 볼을 보내던 '어린 아이' 베이브 루스처럼.

프로 야구는 다른 DNA를 가진다. 모든 스포츠가 열망하는 종목이고, 도시에서 열리며, 신출귀몰한 캐릭터가 있고, 어떤 이는 비도덕적이다. 냉소도 깊다. 역설적으로 야구처럼 연민으로 가득한 스포츠는 없다. 종종 사랑과 구분이 안 된다. 관중이 친척 같은 배려로 선수를 포옹할 땐 전장에 떠 밀려진 형제가 구조 되는 것만 같다. 이때 '강타자'라는 낱말은 시대의 정신적 노스탤지어를 뿜는다. 따라서 유달리 눈에 띄는 선수는 환상 속에 오래 거닐 수 없다. 퍼부어지는 기대를 총족시키지 못하면 핵폐기물처럼 처리될 것이다. 그러나 사람들은 강백호의 무시무시한 담력과 에네르기를 이야기했다. 멘탈이 상표가 될 만큼.

"저도 뭐 남들과 비슷하다 생각하는데 내색을 안 해서 그렇게 보시는 거 같아요. 저도 긴장하고 떤 적 많아요. 지나고 나면 어떤 선택을 하든 어느 부분 후회하기 마련이라서. 어느 게 좀 더 현명한 선택인지 생각하다가, 기왕 그런 상황이 왔을 때 좀 더 즐기고 침착하게 하다 보면 후회하는 순간이 덜 오지 않을까. 그때부터 조금 조금씩 그렇게 하려고 노력하는데 쉽진 않은 것 같아요."

가끔 질문을 되물으며 고개를 갸웃할 때 부드러운 갈색 머리는 일련의 썸네일 이미지를 그렸다. 엑스칼리버처럼 배트를 든 강백호에겐 데카당스한 일면도 보였는데, 언어는 센세이셔널한 부분과 아주 달랐다. 운동선수라면 으레 그럴 것 같은 직진성도 없고, 이야기할 때 새로운 것이 생각나도 그 기세대로 말하지 않는다. 사고의 속도를 떨어뜨리는 건 아니지만 컨트롤하는 느낌. 게다가 매우 신중해서 차라리 아무것도 말하지 않는 것 같았다. 어떤 의미로는 문제를 일으키지 않는 인터뷰에 최적의 상태랄까. 다만 카오스적인 존재감을 감싼 지나친 항균성 때문에 벽에 내 머리를 찧고 싶었다. 황금 올리브 치킨이라도 먹으면서 인터뷰 해야 했을까?

그러나 어느 순간, 강백호가 어떤 이야기를 하든, 들은 것이 무엇이든 그게 다라고 순하게 받아들였다. 누군가의 언어는 그를 어떻게 정의하고 어떤 대답을 듣고 싶은가에 따라 달라지는 게 아니니까.

"제가 표현을 잘 못 하고 낯도 좀 가리지만, 인터뷰는 항상 조심스러운 자리잖아요. 이렇게 방어적으로 얘기하는 게 고등학교 때 인터뷰 한 번 잘못했다가 욕을 뒤지게 먹어서 습관적으로⋯. 항상 조심스러운 거 같아요. 이 자리가 불편해서가 아니라."

어쩌면 성공의 변덕스러움을 이해하기 때문에. 너무 사랑받고 자란 친구는 모두에게 상처 주지 않는 법을 알기 때문에.

행동지침을 요구하는 스포츠의 속성 또는 비정함. 야구는 모두가 여생까지 사랑하는 스포츠지만 가망없는 고객군에겐 볼도 보이지 않는 추상적인 종목이다. 객관성에 근거하는 득점 시스템은 설명이 필요한 것 같지도 않고, 아기가 15분만 봐도 나머지 일생 동안 코웃음치며 이해할 것 같은데도. 그래도 궁금했다. 강백호 같은 미래의 타자에게도 투수가 뿌린 공이 바퀴처럼 크게 보이는지.

"공이 방망이 안쪽에 먹히거나 끝에 맞으면 되게 아

픈데, 제대로 맞으면 되게 시원시원하고 손에 느낌도 없고, 그만큼 짜릿한 것도 없는 거 같아요. 저는 실밥도 안 보이고 수박처럼 보이지도 않지만, 공은 확실히 잘 보이는 거 같아요. 공이 0.5초 안에 들어오는데 솔직히 관중석에선 "와!" 이러지만, 타석에서만큼은 날아오는 타이밍도 잘 보이고 좀 더 느려 보이는 것 같아요. 딱 맞았을 때 홈런이라는 직감이 오는 것 같아요."

강백호의 별명에는 사악한 비단 같은 부드러움이 있다. '연쇄 싸인마'. 그러나 이쯤 해서 속으로 별명을 바꿔주었다. '같아요 요정.'

* * *

모든 것이 들끓었다. 팬들이 유니폼 등판에 선수 이름을 새기는 마킹은 프로야구 인기의 기준일 텐데, 팬층 두둑한 LG나 롯데와 달리 신생 팀은 스타 선수가 팀을 짊어질 것이다. 왕좌의 이대형이 은퇴한 뒤, 강백호는 삽시간에 KT 위즈 내 유니폼 판매 71퍼센트를 점유했다. 팬

덤은 외로운 집착에서 슈퍼히어로 다중 우주로 가고 있었다.

데뷔 2년 차 땐 손바닥 부상으로 두 달 간 결장했는데도 전 시즌보다 타율과 안타 생산량, 출루율 모두 상위권이었으니 엄밀히 말해 서포모어 징크스도 없었다. 3년차 땐 타율 3할을 넘겼다. 홈런도 23개. 짐승 같은 기백 위에 4년차의 관록도 붙었다.

"저는 뭐든지 적극적이고 공격성이 있어야 좋다고 생각해왔는데 이제 상대들도 그걸 알기 때문에 역으로 이용한단 말이에요. 저를 유인해서 스윙하게끔 하는 경우가 많으니 저도 역으로 그걸 이용하기도 해요. 공격적일 땐 공격적이지만 침착할 땐 또 침착하게 대응을 해줘야 된다. 그런데 가끔씩 느꼈는데, 공격적인 게 더 좋을 때도 있는 것 같아요."

KT 위즈는 신생 야구팀인 채 작년 프로야구 2위를 했고, 강백호도 팀의 최연소 4번 타자로서 내내 중심 타선을 고수하고 있다.

"그렇게 압박이나 부담감은 많이 없어요. 예전에는 관

중 분들이 있으면 막 흥분되고, 찬스 되면 내가 해결하고 싶은 적도 많았는데 이제는 제 타석에 집중해요. 나 하나 죽어도 되겠지, 이번엔 놓쳐도 되겠지, 그게 아니라, 어느 정도 팀의 중심 타선이 돼서 더 책임감을 갖고 하다 보니까 좀 더 차분하게 집중하게 되는 것 같아요. 매일, 매 타석, 매 회, 투수도 바뀌고 공도 바뀌고, 뭘 던질지 모르지만 팀원들이 제 앞에 좋은 찬스를 만들고 제가 그 찬스를 살릴 때 짜릿함을 좀 많이 느끼는 것 같아요. 혼자 이뤄낸 성과가 아니기 때문에. 야구는 혼자 하는 스포츠가 아니니까요."

빼어난 프로 선수는 컴퓨터 칩처럼 몸속에 야구 경기력을 집어 넣기 위해 악전고투 한다 그리고 모종의 기술과 지식, 경험으로 새로운 법칙을 만들 것이다. 강백호는 타격 자체가 세부 묘사와 함께 보도되는 선수라서 타격 폼이 두 개라는 것으로도 이슈가 되었다. 3월 30일, 기아와의 시범 경기에선 오른쪽 다리를 땅에 한 번 찍었다가 들고 때리는 새로운 타격 폼으로 멩덴의 직구에 투런 포를 날렸지.

"한국에 워낙 좋은 투수도 많고 변칙 투구하는 투수도 많아서 거기에 대처한 거예요. 제가 감명받았었던 게, 기아 타이거즈 최형우 선배님이 원래 다리를 들어 치는 레그 킥을 하세요. 그런데 왜 다른 때는 투 스텝으로 치실까, 그랬는데 선배님께서 '너도 알다시피 한 타격 폼만으로는 무조건 슬럼프가 온다. 슬럼프 때 어떻게 대처하냐에 따라 선수 커리어도 그렇고 그 시즌 애버리지가 판가름 난다. 그러니 다른 타격 폼을 갖는 게 이겨내는 방법 중 하나다'라고 하시더라고요. 저도 느끼고 있었기 때문에 좀 더 확고함을 갖고 연습에 임했던 거 같아요. 저는 중심 이동이 남들보다 좀 더 좋은 것 같아요. 제가 레그 킥을 하기 때문에 오른쪽 다리를 드는데요, 타격 시 상체가 아니라 하체 먼저 나가게 하고 뒷다리의 중심을 앞다리에 주면서 스윙을 하면, 방망이 힘을 공에 전달하는 중심 이동이 증폭되기 때문에 공이 좀 더 멀리 나가는 것 같아요. 과학적인 거죠. 작용 반작용의 느낌?"

강백호를 만나기 전에 공포 하나가 있었다. 어떤 질

문을 해도 오래 고민하다가 완전히 축약된 단답으로 말하면, 나는 쓸 것이 없는 말들에 너무 괴로워하다가 시간을 다 쓸지도 모른다는. 강백호는 어휘를 뚜렷하게 발음하지 않았다. 악센트를 강조하지 않아 문장이 전부 섞인 것처럼 들리기도 했다. 그러나 그 말을 알아들을 수 있다면 요즘 소년들의 세태를 다 섭렵한다는 이야기 아닌가. 어느 순간, 그 얼굴에 눈 앞의 모든 것을 이해하고 싶어 단어를 찾는 성장기 소년이 보이자 공포가 싹 달아났다.

* * *

우리는 파열하는 별들을 너무 자주 목격했다. 중력이 증가할수록 크기는 줄어들 것이다. 강백호에겐 몇 개의 축적 모형이 있었다. 그런데 허들이 문턱에 있다면 강백호는 속도를 올리거나 줄이면서 방향을 잡는다.

2019년 6월 5일, 사직구장에서 열린 롯데와의 경기에서 수비를 하다가 외곽 펜스에 오른 손바닥이 깊게 찢긴

일은 매우 상징적이었다. (그 장면을 보는데 녹슨 면도날을 물었을 때 같은 비릿하고 신 감각이 입안을 휘저었다.) 강백호는 결국 두 달 동안 결장해야 했다.

"제가 다치고 싶어서 다친 것도 아니고, 누가 다치라고 해서 다친 것도 아니지만 너무 아쉬웠어요. 그 시즌에 제가 워낙 잘하고 있어서 그때 안 다쳤으면 어땠을까. 다치고 나서도 잘하긴 했지만, 저에겐 가장 아쉬운 한 해인 거 같아요. 생각지도 못한 곳에서 부상이 왔기 때문에. (부상 당일까지 강백호는 타율 0.339로 리그 전체 4위, 안타 103개로 2위, 득점 54점으로 공동 3위를 기록 중이었다.) 그렇지만 누구를 탓하고 싶지도 않아요. 그냥 제가 부주의했구나, 라고 생각하는 게 좀 더 마음이 편해서….."

강백호는 다듬어진 평정심으로 손바닥을 펼쳐 흉터를 보여주었다.

"여기서 이 정도면 몇 센티죠?"

다쳤을 때 손에 피가 낭자한데도 강백호 얼굴이 너무 태연해서 사람들은 그가 얼마나 아픈지조차 몰랐다.

"지금은 상처가 없는데요, 당시에는 시즌 끝날 때까

지 되게 아팠어요. 많이 찢어져서 피도 많이 났어요. 전 찢어진 줄 모르고 붙여 보려고 했는데 안 붙더라고요. 전 그냥 남한테 얘기 안 하고 참고 했던 것 같아요."

강백호는 워낙 34인치 길이에 무게 870그램 배트를 썼다. 부상 이후 0.3인치가 길고 10그램이 적어 노브 두께가 상대적으로 얇아진 34.3인치, 860그램 배트를 제작했다. 배트를 쥘 때 틈을 만들어 상처에 닿는 표면적을 줄이려고.

"저는 다른 선수들을 많이 관찰해요. 이 선수는 어떻게 했길래 저렇게 잘 칠 수 있는 건가? 어떻게 했길래 저렇게 잘 맞았을까? 이런 생각을 좀 많이 하는 거 같아요. 제가 타격에 워낙 관심이 많아서."

강백호는 발군의 스타성으로 1년 선배인 키움 히어로즈 이정후와 매번 같이 거론된다. 스타일은 서로를 반대 위치에 둔다. 이정후가 샤프하고 외교적인 스타일이라면. 강백호의 갑옷은 악동 같은 파괴력과 그라운드 장악력.

"정후 형은 좋은 선구안을 갖고 있는 데다 저보다는

훨씬 더 냉정하고 침착하다는 장점이 있어요. 저랑 플레이 스타일이 아예 반대여서 그런 것들이 좀 부럽기도 해요."

이번 시즌 목표는 작년보다 세부 지표를 올린 30호 홈런과 100타점. 메이저리거 중 페르난도 타티스 주니어, 코디 벨린저, 트렌트 그리샴, 조시 도날드슨을 멋있다고 꼽는 강백호가 어디에 정박할지는 모두가 다 안다. 이때 야구 천리안들은 한국 타자가 메이저리그에 진출할 때 국내 리그보다 평균 7, 8킬로미터 빠른 구속에 적응하는 것이 관건이라고 말한다. 빠른 볼에 강한 강백호라면 생존 가능성이 높다고. 강백호는 너무나 강백호답게 말했다.

"제 성격이 현실을 직시하는 편이에요. 오늘은 오늘의 경기, 내일은 내일의 경기. 하루하루에 길게 연연하지 않고 그 다음 날을 보는 편이에요. 만약 메이저리그에 간다 해도 포스팅 기간이 4년 정도 남았고 또 군대를 가야 되기 때문에 아직 시간이 많이 남은 것 같아요. 그래서 정확한 시기를 말씀드리기 어렵지만 기회가 된다면 언제든지 가보고 싶어요. 지금 저는 1루수니까 메이저리그 가면 1루를 보고 싶기도 하고, 개인적으로 외야수도 보고 싶고."

시간이 갈수록 진지하다는 것이 어떤 모습이고 어떤 기분인지 알았다. 운동선수가 본능과 사색을 조합해 몸에 걸치려면 어느 정도 시간이 소요될 것이다. 나는 이처럼 별난 등장 인물이 언어를 무기로 갖춘다면 희대의 소년 철학자가 될 거라고 생각했다.

"저의 장점은 와일드한 면이죠. 경기에 영향력 있는 선수가 되려면 장악력이 있어야 한다는 생각이 확실히 다른 선수들에게 압박감을 느끼게 하는 것 같아요. 저의 다른 장점은 홈런 한 방을 때리면 아예 분위기가 바뀌고, 기세가 저희 쪽으로 넘어올 수 있다는 것 같아요. 투수가 이거 잘못 던지면 큰일 나겠는데, 라는 생각을 갖게 하는 것도요."

그러나 가장 두드러지는 특징은 다음 단계로 나아갈 수 있다고 확신하는 제스처를 반복함으로써 승리를 예고하는 것 아닌가.

촬영을 위해 강백호는 마스크를 벗었다. 작고 귀여운 코와 입이 드러나는 순간 진중하고도 침착한 얼굴이 순식간에 10대로 바뀌었다. 직각으로 앉아 그 표정을 보니 글자 그대로 몸 속으로 달음질치는 피가 보였다.

* * *

운동 선수들은 스스로 나이 들었다는 것을 깨닫는 시점에 도달한다. 기술적인 한계가 무자비하게 노출되지 않더라도. 마음은 떠나지 않았다고 해도. 언제까지나 꽃을 받는 승리자가 될 수 없다는 진실은 운동선수 종(種)이 내뿜는 통제 불능의 탄식. 감속하는 법을 모르는 얼굴, 한계를 부인하는 마음으로도 언젠가 마운드를 떠날 날이 올 것이다. 강백호는 사뭇 다른 언어로 그날 이후의 포부를 밝혔다. 그건 여지없는 경쟁적 영역의 트릭이었다.

"언젠가 서른 살 넘었을 때, 잘 하는 어린 선수들이 저를 두고 롤 모델이라고 말하는 선수가 되는 게 목표예요. 저는 이승엽 선배님을 가장 존경해요. 저도 선배님처럼 그렇게 멋진 은퇴식 하고 싶어요. 선배님이 마지막 타석 치고 응원가가 들리는데 그냥 되게 소름 돋았어요. 진짜 제가 봤던 영화, 드라마, 만화, 모든 장르 다 떠나서 제일 감동적이고, 제일 멋있고, 제일 아름답고, 제일 짜릿했고, 제일 소름돋았던 경기였어요. 그리고 가장 슬픈 경기였어요."

그 태평한 진지함을 어떻게 표현하면 좋을까. 감성적이지 않은 그 입에서 슬픔이란 낱말이 나오니 역시 생경하게 들렸다. 워낙 페이소스가 다른 아이 같았으니까.

누구라도 각각의 기질과 행위에 맞는 특정 음악 목록을 가질 것이다. 우리의 심박수를 올리는 소년은 고교 시절 침체기 때 들었던 에일리의 노래 〈Higher〉가 삶의 주제라고 낭만적으로 말했다. "그 누가 뭐라 해도 아무것도 들리지 않아. 모든 걸 내 뜻에 날 맡길 거야…."

스릴러와 코믹 영화를 좋아하고, 코로나 끝나면 친구들과 해외 여행 가고 싶고, 고등학교 동창 셋을 만날 때가 제일 행복한 강백호에겐 더 중요한 것이 있었다. 강백호는 부모 이름과 그들의 결혼 기념일을 동맥이 뛰는 손목에 문신으로 새겼다. 이렇게 대륙적인 사람도 공동체와 가족의 가치를 이상화하고자 하는 마음으로 내달리는 걸까. 결국 야구는 홈에서 출발해서 홈으로 돌아오는 경기였다!

"저희 집은 되게 자유로운 집이라서 부모님도 문신 한 거 아무 말 안 하세요. 저도 (트로트 가수로 데뷔하는) 아버지 존중해드려요. 아버지가 저를 13년, 14년 정도 뒷바라지해주셨으니까 이제 제가 바톤 터치를 해서 일하는 거고, 아버지는 집에만 있는 거보다는 하고 싶은 거 하시는 거라 저는 항상 오케이예요."

어떤 축구 선수 아버지는 아들을 탁월한 축구 선수로 만들기 위해 개구리고기를 먹였고, 다른 농구 선수 아버지는 뱀고기를 먹였다. 강백호는 "저는 산삼 많이 먹었어요"라고 말했는데, 정말이지 꼭 산삼이어야 할 것 같았다.

"제가 만약 아들을 낳았는데 야구선수가 되고 싶어 한다면 아버지가 저한테 해주셨던 그대로 해주고 싶지 않아요. 일단 육체적이든 정신적이든 둘 다 힘들고요. 저는 아이가 하고 싶은 걸 뒤에서 봐주는 역할은 해줘도 거기에 참여하고 싶지는 않아요. 아버지가 저를 이렇게 해주셔서 제가 이런 선수가 될 수 있었지만, 제 아이가 그런 거에 너무 얽매이게 하고 싶진 않아요."

* * *

인터뷰가 끝났다. 오후 세 시 반. 강백호는 "오늘 되게 재밌었던 거 같아요. 제가 약간 표현을 잘 못해서 약간 무뚝뚝해 보일 수 있는데 되게 경청하고 있었어요. 이렇게 인터뷰하면서도 사람들이랑 많이 만나고, 팬분들 만나면서 사람이 좀 나이에 비해서 조금 더 성숙해지고 있는 것 같아요"라고 말했다.

　헤어지기 전, 후련하게 악수를 했다. 악수는 확실히 진화된 세계 문화의 표현이니까, 그런데 내 손을 덮을 줄 알았던 강백호의 손이 생각보다 작아서 깜짝 놀랐다. 비행선 같은 괴력의 장타자가 저 손에 숨어 있었다고?

어쩌면 귀여운 아이가 그 손바닥에 숨어 있다가 불쑥 고개를 내민 것도 같았다. 손을 놓자 강백호는 온순한 매너를 가진 야수로 다시 돌아갔다.

운동장 너머 커다란 구름 조각들이 하늘에 박혀 있었다. 관중은 없으나 미디어는 꽉 찬 세상. 뻥 뚫린 그라운드에 4월의 태양이 직사로 쏟아졌다. 강백호는 한 시간 뒤 있을 LG와의 2차전을 위해 불량 펭귄처럼 좌우로 몸을 휘저으며 베이스라인 따라 걸어갔다. 나는 1루 관중석에 앉아 워밍업 중인 선수들을 바라 보았다.

그라운드의 녹색과 마운드의 갈색, 트랙의 붉은 황토색, 그리고 관중석의 탁한 분홍색과 민트색과 전광판 위에서 움직이는 검은색까지, 온통 색깔로 넘쳐났다. 위는 까만색, 아래는 흰색 유니폼을 입고 연습 세션 중인 선수들을 보고 있으니 이 시절이 얼마나 색채를 갈망했는지 알았다.

강백호는 뜨거운 태양 아래 칙칙폭폭 경쾌한 소리를 내며 동료들과 볼을 주고받고 있었다. 나는 그가 스윙하는 순간 파열되는 공기의 두께를, 볼을 따라 달려왔으나 캐치하지 못해 "아악", 성대 긁는 소리를, 덕 아웃에 앉아 동료들을 지켜보는 강백호의 눈초리를 멀리서 지켜보았다.

강백호는 베이스 라인을 따라 걸었다. 직선으로 그어진 흰 선은 그를 위한 길이 되어줄까? 어디선가 전에 본 적 있는 장면 같다고 생각했지만 기억은 늘 다른 요소로 넘실거렸다. 무엇일까? 유실된 장면과, 순간을 다시 찾는 것 같은 감각의 반복은?

마지막 순간에 알았다. 야구를 하는 현실 속의 강백호가 농구를 하는 만화 속의 강백호와 무엇이 닮았는지. 둘다 심드렁한 듯 좌표를 헤아리다가 발을 디딘 뒤에는 엄청난 자기 확신으로 미지의 나라를 지배하는 것이다. 수치(數値)보다 더 많은 것을 떠올리게 하는 순수 위에서.

그날 LG와의 경기에서 강백호는 4타수 3안타 1타점 1볼넷을 기록하며 전날의 패배를 설욕했다. KT의 7 대 3 승리. 7회말 동점 상황, 2사 주자 1, 3루, 클러치 상황에서 강백호가 친 우중간 안타는 3루 주자를 홈으로 들어

오게 만든 결승타였다. 강백호는 강백호. 입 밖으로 낸
약속은 꼭 지켰다.

다름의 평등함

법 륜

"제가 늘 마음속에 가지고 있는 건 '지금 출발이다'. 어제까지 연습이고, 지금 또 출발이고, 지나면 다시 연습이고, 지금 또 시작이고. 항상 그런 마음으로 살고 있어요."

스님을 만난 날은, 러시아의 우크라이나 침공 이틀 뒤였고, 오미크론 확진자가 16만 명을 넘긴 직후였고, 서로가 '하이 눈' 식으로 권총을 뽑아 들고 대결한 3차 대선 토론 다음 날이었다. 내 자신, 아슬아슬한 세상의 표면을 기어오르는 지렁이처럼 느껴지는 토요일 아침, 애도의 조종 소리가 무음으로 들렸다.

　서초동 정토 법당 2층에서 법륜 스님을 기다리며, 변화무쌍하지만 나날이 피곤한 시절에 고요란 얼마나 수선스러운가, 하고 생각했다. 어쩌면 인생은 기다림에 불과한 것인지도 몰랐다. 그러나 그 아침은 필시 사실적인 기다림일 것이다.

"문명이 시작되고부터 지금까지 인간은 갈등하기도 하고 전쟁하기도 하고, 또 평화를 유지하다가 대립하고, 이런 것이 늘 비슷하게 이루어져 왔거든요. 그러나 전쟁이 일어나면 전쟁을 결정한 사람들이 아니고, 결국 젊은이들, 민간인들, 어린아이들이 죽거나 다치기 때문에 어떤 이유로도 전쟁은 바람직하지 않다. 물론 우리로서는 6·25 전쟁이 있었고, 또 중동 전쟁이 있었고, 인도 파키스탄 전쟁이 있었지만, 최근에 들어와서는 과거에 비해 국제적인 전쟁이 비교적 적은 편이다, 이렇게 볼 수 있습니다. 다르게 보면 지금은 2차 세계대전 끝나고 80년 가까이 인류 역사상 가장 오래 평화가 지속된 시대가 아닌가. 그렇기 때문에 지금 현실이 옛날보다 특별히 악화됐다, 이렇게 평가할 수는 없을 것 같아요. 다만 우리가 원하는 평화는 아직 이루어지지 않았다. 우리는 지속적인 평화를 원하지만 그렇게는 안 됐다…."

스님의 어조는 연잎처럼 나직하면서도 미열이 섞여 있었다. 그러나 직선적인 부드러움이야말로 전달력의 핵심 같았다.

인간의 곤경이 특정한 누구의 것일 리 없다. 키예프 방공호에서 울고 있는 우크라이나 소녀, "아무도 이렇게 죽을 필요가 없었어"라며 눈물 흘리는 우크라이나 청년 앞에서 누군들 무엇을 위한 전쟁인지 자문해 보지 않을까. 더러는 평화적 해법이 보편적인 가치라고 말하지만 세상은 더 광포해지고 포성은 멎지 않는다. 그렇다고 전쟁 버튼을 누른 푸틴 노인이 총을 드는 것도 아니다.

평화는 아주 작은 조각으로 오고, 순간순간 꿰매야 할 것이다.

* * *

법륜 스님은 1988년, 불교 수행공동체 정토회를 설립해 종교라는 강고한 사슬을 벗어나 강한 침투력으로 시민사회를 파고들었다. 덧붙여 내적인 수행과 동반하는 한반도 통일과 세계 평화, 제3세계 구호 활동과 환경 운동이라는 주제는 그의 자화상이 시대의 비위에 맞는지 아닌지에 상관없이 우뚝한 사회적 스타일을 만들었다. 그리고 옳고 그른 것에 대한 그의 감각은 이번 대선에도 여지없이 작렬했다.

"대통령이라는 직책이 뭘 하느냐를 봐야 됩니다. 대통령이 해야 할 첫 번째 일은 나라의 안전을 보장하는 거다. 우크라이나 대통령이 인기가 있었지만 나라 안전을 지키는 데 결과적으로 실패했다. 그런데 이게 다 러시아 책임이라고만 할 수 없단 말이에요. 옆에 힘 있는 러시아가 있으면 약간의 양보도 하면서 침공받지 않는 외교가 필요한데, 자주성만 주장하면 화를 입게 되잖아요. 자기 힘도 있어야 되지만 주변 나라들과 협력해 공동으로 대응해야 되고, 또 국민들이 합심해야 된다는 거예요. 거대한 힘을 가진 수나라가 작은 나라 고구려를 침공했을 때 합심해서 지켜냈던 것처럼 나라를 지키기 위한 외교, 국방, 국민통합을 누가 잘 할 수 있겠느냐, 그 사람과 같이 있는 이들을 봤을 때 누가 가장 잘 하겠느냐…."

이야기를 듣다 보니 다른 문장(紋章)으로 표시된 역

할이 스님이라는 호칭 사이를 중재하는 것 같았다. 그는 파당적인 정객으로 보일지도 모를 위험 따위 괘념하지 않았다. 그리고 공개적인 적의와, 깊숙한 균열과, 정치적 주제가 갖는 민감성에도 불구하고 나름대로의 유효한 방법론도 제시했다.

"지금 선거법이 승자 독식 구조라서 한 표라도 많이 얻는 사람이 다 먹어버리고 나머지는 다 사표가 되잖아요. 그러니까 선거법을 개정해서, 국민의 10프로 투표를 얻었으면 그만큼 국정에 반영되는 정치적 제도 개혁을 해야 된다. 그리고 헌법도 좀 개정해야 된다. 1987년 이후 지금까지 35년을 돌아보면 감옥 간 대통령도 많았잖아요. 만약 일곱 대통령이 다 나쁜 사람이었다면 국민이 투표를 바보같이 했다는 얘기밖에 안 되잖아요. 그러니까 대통령의 권력 집중을 분산시키는 제도적 장치를 마련해서, 경쟁이 끝나면 서로 증오하고 보복해야 할 상대가 아니고, 그들이 얻은 표가 사표가 되지 않도록 국정에 반영하는 소위 독일식 거국 내각 구성을 제가 바라기는 하는데, 세상 사람들은 웃을지 모르지만, 나라를 생각하면 그렇게 가야 되지 않느냐."

서로 적대시하는 것이 곤경에 처한 시대에 손쉬운 방편일 리 없다. 그러나 통제 안 되는 기운 센 아이에게 정육점 칼을 쥐어주면 어떻게 될까? 불화를 만드는 천성, 부족한 까닭에 불손한 기질은 누군가 왜 위험한 인물인가에 대한 답일 것이다. 분파를 만드는 자와 미래를 이야기하는 이 사이의 역겨운 차이.

어떤 사람들은 지금 대한민국이 일정량의 굳은 시스템을 갖고 있어서 누구를 뽑아도 별다를 게 없다고 방임한다. 그러나 우리가 사는 것과 하는 것, 그리고 투표 사이의 연관성은 보이지 않는다. 나라가 온통 계급과 불평등, 진영 문제로 들끓어 그놈이 그놈이고 그년이 그년이라고 자멸하는 투정꾼들 투성이니까. 경멸과 비하로 국가 구조 안의 원리를 봉인해버리는 조무래기들 천지니까. 정치인들은 협잡꾼이고, 종교인은 과격집단이라는 타당한 관념 일색이니까. 한낱 먼지 속을 굴러다니며 '표 주는 기계'가 얼마나 늘고 줄었는지나 세어보는 머리들. 압박은 늘어나고, 주장은 분쟁이 되고, 비난은 되돌아온다. 급기야 눈도 귀도 다 상할 것 같다. 이때 사회의 지성이 어느 정도 바닥인지 그대로 웅변하는 매체들이 때맞춰 침이 얼룩덜룩 뿌려진 계략을 퍼 나르면, 투표는 민주주의의 변소로 추락할 뿐이다.

"대한민국은 민주 공화국이잖아요. 임금이 주인이 아니고, 국민이 주인이다. 모든 권력은 국민으로부터 나온다. 헌법 1조에 이렇게 돼 있단 말이에요. 5000만 국민을 대신해서 나라를 운영할 지도자를 뽑는데, 그 사람은 우리 상관이 아니고 일꾼이란 말이에요. 우리가 채용을 하는 거란 말이에요. 19세 이상 전 국민이 하는 거니까, 선거는 국민의 권리인 동시에 의무예요. 권리 행사는 해도 되고 안 해도 되지만, 의무는 안 하면 안 되잖아요. 그렇기 때문에 마음에 안 들어도, 조금이라도 덜 마음에 안 드는 사람을 선출하는 건 의무라는 거죠."

우리가 익히 아는 시민으로서의 요구가 우표처럼 착 달라붙었다. 정치가 자격미달자들을 위한 초당파적 놀이터 같고, 민주주의의 목적과 달리 허무한 무의식적 해프닝 같을 때도 참다운 가치는 냉소주의에 반대하는 것이기 때문에. 그러나 이번 선거 역시 세력이 구별되는 두 인격체의 대결이 된 것만 같다.

* * *

그는 1993년, 한국사회의 제반 문제 해결을 기치로 새벽 다섯 시부터 한 시간가량 예불과 명상, 경전 읽기를 1만일 동안 이어가는 '만일 결사'에 돌입했다. 그리고 그 사이 30년이 지나 2022년 12월 4일, 마무리를 앞두고 있었다.

믿을 수 없다. 아무리 자도 잠이 부족하고, 한 호흡 한 호흡이 다 피곤하고, 하루도 죄의식 없이는 쉬지 못 하는 세상에 그 사람처럼 깨어 있다는 것이 가능하기나 할까? 어떻게 그 긴 세월, 신체적인 유동성을 지킬 수 있을까? 어쩌면 스님에겐 생득권이자 천성일까? 또는 내부에서 움직이는 도덕적 물리학의 이치?

"만일 결사 출발 전에 앞으로 사회에 큰 과제가 될 네가지를 잡았거든요. 지구적으로는 환경, 인류적으로는 절대 빈곤 퇴치, 한반도에는 평화 정착과 통일 기반 구축, 개인적으로는 수행이 행복한 삶이 되는 것. 배고플 때는 먹는 게 중요하고, 헐벗을 때는 입는 게 중요하고, 병 나면 치료하는 게 중요하지만, 앞으로 30년 지나면 큰 걱정 없을 것이다. 그런데도 괴롭다면 뭘로 핑계를 댈 거냐. 괴로움은 마음에서부터 오니까. 마음 관리는 단순히 종교나 개인의 영역이 아니고 우리 사회의 중요한 과제가 될 거다. 그런데 그 예측은 맞았다. 환경 문제도 더 커지고, 절대 빈곤도 세계적 과제가 되고, 2017년 한반도에도 전쟁 위기가 고조되고, 개인은 더 방황하고 있다. 세계의 절대 빈곤 문제는 30년 세월과 유엔과 각국의 노력으로 많이 해소된 편이다. 한반도의 평화도 아직 해결 안 됐지만 전쟁 위기는 많이 낮아졌다. 환경 문제는 더 커졌지만 해결해야 된다는 인식도 커졌다. 개인들도 마음을 다스려서 행복해진다는 인식의 변화가 왔다…. 그런 면에서 저는 방향은 잘 잡았는데 역량은 부족했다, 이렇게 평가하고 있어요."

그는 하나의 처소에 머무르지 않고, 법문 같은 언어

를 송출한다. 시대의 생리에 밝은 이에겐 인식하는 것만
으론 부족하니까. 행동 없는 사상 따위 버무린 장광설에
불과하니까. 그런데, 그렇다면 다음 2차 만일 결사의 화
두는 무엇이 되어야 마땅할까?

"개인이 행복해지는 수행과, 평화 문제. 지금 나라와 민
족 간의 갈등, 패권 갈등이 점점 더 강화되는 국제 상황
으로 보면 다음 30년에는 분쟁이 더 커지지 않겠느냐. 그
리고 기후 위기라는 절체절명의 과제가 주어졌기 때문에
지구 환경에 더 귀 기울여야 되지 않느냐. 우리가 1차 만
일 결사에서 세웠던 과제 중에 절대 빈곤보다 상대적 빈
곤 문제가 더 큰 과제가 됐다는 것 빼고는 기본적으로 동
일한 선상에 있지 않겠느냐, 전 이렇게 봐요."

그러나 온통 불행한 얼굴들뿐, 그 누구도 이상적인 삶
을 산다고 말하지 않는다. 기쁨은 혼자 갖고, 괴로움은
드러내지 않는다. 시대착오적 국가 통제주의와 이익 집
단의 명함에 불과한 사조는 서로 타는 불에 기름이 되
었다. 그러나 사회의 폐부를 검진하는 이의 관점은 달
랐다.

"지금은 군사 독재 시절에 막 잡아서 감옥에 보내고, 고문해서 죽이고 하는 것에 비하면 훨씬 나은 상태이고, 기본적인 인권 보장도 없이 도시 빈민들과 가난한 노동자들과 농촌 붕괴 과정에서 농민들이 고통을 겪던 것에 비해 훨씬 나은 시대다. 다만, 우리 사회는 생존권은 어느 정도 보장이 되지만 행복권은 아직 안 되어 있다. 그런 면에서 사회적인 갈등, 세대 간의 갈등을 너무 절망적으로 보는 건 심리적인 현상이지, 지금 대한민국은 객관적으로 이웃 나라와 비교해도 좋아졌다. 현 상태를 긍정 위에 비판적 시각으로 봐야 개선책이 나오지, 전체를 부정해버리면 한국을 떠나는 수밖에 없다든지 그냥 같이 망하자든지, 이런 얘기밖에 안 되잖아요."

모든 문제는 만사에 개념을 입혀 대상을 판단하는 데서 비롯되는 것만 같다. 만법이 차별이 된달까. 그러나 뜻을 헤아리는 건 옳다지만 이름을 세워놓고 비교하며 견해를 취하면 사특해지지 않을까?

"그러니까 다민족 국가에서 민족 갈등이 생긴다, 종교가 서로 다른 나라에서 종교 분쟁이 폭력적으로 변한다,

다인종 국가에서 인종에 대한 무시, 미국에서처럼 아시아인 혐오 같은 게 발생한다. 그러나 이런 나라와 비교하면 우리나라는 그런 것이 훨씬 적은 축에 들어간다. 우리나라에도 여성 혐오가 있고 노인 혐오도 있고 장애인 혐오도 있고 소수자 혐오도 있지만, 우리가 해결해야 될 일이지 절망할 일은 아니라는 거예요."

* * *

어떤 어른들에겐 테크놀로지에 취약하다는 사실이 훈장이 되기도 한다. 가끔은 "모른다"는 것만 한 권세도 없어 보이니까.

　서울 정토 법당에는 모니터 여러 대가 와불처럼 옆으로 길게 놓여 있었다. 그가 서울과 울주, 두북 정토 법당에서 무수한 모니터를 앞에 두고 온라인 법문을 하는 광경은 꼭 백남준의 미래적인 작품처럼 보였다. 그렇지만 화상회의, 줌 회의를 통한 전법은 부처의 말씀을 이 세대의 문법으로 전하는 그의 방식 같긴 하나, 얼굴과 얼굴을 대하여 이야기를 전하는 순간의 구체적 접촉성이 걸러져 있지 않을까, 애꿎은 의문이 들었다.

"저는 과학기술을 너무 높이 평가하지도 부정하지도 않아요. 기술이라는 것은 인간 생활에 잘 쓰면 유용한 거고, 잘못 쓰면 또 나쁜 무기가 되는 거 아니겠어요? 사람들이 모이려면 일단 시간도 많이 걸리고 자동차 에너지도 드니까, 지구 환경이나 여러 가지 효율성을 생각하면 그쪽으로 가야 되지 않느냐. 다만 다 좋은 건 아니겠죠. 사람을 만나서 접촉도 해야 신뢰도 생기는데, 조금 건조하다는 문제가 있기는 하지만 어떤 것이든 100퍼센트 좋을 수는 없지 않습니까."

그런데 그가 철저한 관찰자로 머물지 않고, 사회 불균형과 환경, 세계 평화와 박애까지 발언하는 것을 두고 더러 내적 수행을 우선시하는 불교의 모토와 맞지 않는다고 하고, 간혹 불교의 사회 참여가 카톨릭만 못 하다고도 한다. 그는 모든 것이 상관없는 얼굴로 웃었다.

"사람들이 불교가 내적인 문제만 해결하는 거라고 잘못 생각하고 있어서 그렇겠죠."

그리고 수련처럼 다시 웃었다.

"내적인 문제만 해결하는 거라면 부처님도 일체 관여를 안 해야지 왜 카스트가 잘못됐다고 얘기했겠어요? 그런 말은 불교가 권력에 빌붙어서 봉건 질서를 합리화하는 데 이용되고, 거기서 자기들 떡고물 얻어먹으면서 침묵하던 관점에서 하는 얘기지. 전생에 죄를 지어서 장애인이 됐다, 여자가 됐다, 그러면 장애인 차별, 성 차별을 합리화하는 거 아니에요? 전생에 복을 지어서 임금됐다, 그러면 계급 질서를 합리화하는 거 아니에요? 이런 논리는 불교가 아니에요. 산다는 게 마음을 다스리는 것과 환경으로부터 영향 받는 두 가지 성질이 다 있는데, 사회적인 활동은 왜 하느냐, 정치에 침묵해라, 이게 뭐예요? 독재 권력에 침묵해라, 이 말 아니에요? 그런 절에 안 살고, 그런 밥도 안 먹고, 그런 차도 안 타면서 사회에 관여 안 한다, 그럼 오케이예요. 그런데 산속에 있는 절은 다 자기가 지었어요? 전부 사람들의 노력과 재화로 지어놓고 사회에 대해 침묵한다? 혜택은 다 누리고 어려움을 외면하기 위한 핑계로 사회 발언을 안

한다? 그건 모순이죠."

그는 침묵을 길게 늘어뜨리는 법이 없었다. 진격하여 재래식 틀을 부수고 그 언어를 사자 앞에 내던진다. 용감함이란 무엇일까? 상호의존성 위에 삶의 진동을 바깥으로 퍼져가게 한다는 것은? 이것이 현실주의의 증거일까? 우주와 양자역학, 진화론과 고담준론을 망라하는 섭렵의 범주는 어디까지일까? 그의 행적을 설명할 만한 레퍼런스가 딱히 떠오르지 않았다. 그러나 존경받거나 조준점이 되는 오늘날의 인물은 지난 세대의 절대적인 엘리트 역할이 아니라, 자기 자신을 통한 반란과 다수의 공리 속에 거할 것이다.

한편, 2002년부터 시작된 '즉문즉설' 강연 프로그램에서 청중의 고민에 오버랩으로 해법을 제시하는 그의 미니멀 언어는 너무 짜릿하고 긴요하며 실제적이라서 금세 대중적 기능성을 획득했다. 개인의 문제를 객관화시킴으로써 삶을 재인식하게 만드는 또 다른 역할을 볼 때마다 그 언어는 어디서 왔는지 궁금했다. 그 민첩한 개방성은 무엇일까? 기나긴 수행의 열매일까? 혹시 호기심의 자취? 아니면 세월이 가르쳐준 비밀일까?

"저의 언어는 일상의 언어입니다. 특별한 철학적 언어를 쓰는 것도 아니고 종교적 언어를 쓰는 것도 아니에요. 저는 불교적으로도 잘 안 씁니다. 저의 대화에 특별한 해결책은 하나도 없습니다. 기도하면 병 낫는다, 그런 게 없잖아요. 상식적 해결책은 독서하고도 참선하고도 관계없어요. 굳이 관계가 있다면 어떤 사물을 전체적으로 봅니다. 두 사람 관계를 양쪽 또는 제3자 입장에서 보면 어떨까, 컵도 위에서 보면 동그라미고, 옆에서 보면 다르지만, 위에서도 보고 밑에서도 보고 옆에서도 보고 해서 그릇의 전모를 파악한다고 할까. 그 사람 얘기를 귀담아듣지만 상대편 입장은 어떨, 그렇게 조언을 하고 대화를 이끌어가는 걸 전통적인 용어로는 지혜라고 하지만, 편견과 답을 내려놓고 왜 이런 일이 일어나는가의 관점에서 보면 누구나 알 수 있는 일이다…."

다름의 평등. 판단하는 마음 없이 사물의 뒷면을 살피는 관점은 차라리 패셔너블해 보인다. 그렇지만 모든 것이 환영이자 물거품이며 그림자와 같다는 것을 알면 열

반이 찾아올까? 열반한 자에게는 정말이지 더 이상 생사가 없을까? 그 또한 분별 아닌가? 분별함이 없다면 과거 현재 미래라는 시간이 끊어지고 적막강산 같은 평화가 올까? 그런데 모두의 고민에 성실하게 공명하며 결단코 상처 입지 않는 용자라 해도 힘든 일이 없을까? 신념을 밀고 나가면서도 자신만 의지하는 수밖에 도리가 없다면 얼마나 외롭고 갑갑할까? 오직 자기만 아는 회한은 무엇일까? 고민은 정작 누구에게 털어놓을까?

"고민의 종류가 구체적으로 뭐냐는 거지요. 마음의 고민이란 건 늘 자기가 만들기 때문에 자기를 살펴봐야 되지만, 예를 들어 기계를 잘 못 다루면 잘 다루는 사람한테 물어볼 거고, 배고프면 밥 짓는 사람한테 물어볼 거고. 그 성격과 과제에 따라 물어보면 되지 않겠습니까."

그는 도무지 의심이나 불확실함을 주지 않는데, 그것이 바로 그 사람이며, 다른 이들이 원하는 모습일 것이다.

"인간은 흔들림이 없어야 된다, 이렇게 정해버리면 흔들릴 때마다 실망하게 되는데 인간은 본래 부족한 존재고, 나약한 존재고, 흔들리는 존재다. 다만 좀 덜 흔들리는 쪽으로 나아간다. 애초에 누구나 부족하다는 걸 인정하고 그런 가운데 꾸준히 해나가고 있다. 이렇게 말할 수 있지 않을까 싶어요."

그 말은 요리법처럼 직접적인 효과가 있었다. 그 순간 만큼은 어떤 깨달음이 설핏 마음의 문간에서 서성거린 것 같아서.

* * *

우리는 그런 장면을 너무 자주 보았다. 현실은 협소한데 구름 위에 머리를 내밀고 세속의 신들로 군림하는 구식 종교가들, 거짓 이름과 모양을 세워 참뜻이라 우기는 몰락한 입들, 막연한 종교가와 막연한 추종자의 막연한 결합, 타인의 결핍을 파고드는 가면, 인민의 갈망을 저울질하는 위선적인 수다쟁이, 초대형 서커스, 능동적인 거짓말쟁이, 도덕적인 비겁자, 잃어버린 시간의 메스꺼운 명상, 통역되지 않는 각각의 긴 이야기들. 그 틈으로 생활과 이즘을 섞어 강력한 리얼리티로 무장한 그의 항적은 촘촘히 짜인 철학적 경험을 안겨주었다.

그렇지만 어떨까? 유파가 없이 관념의 차이를 흡수하는 사람도 늙는다는 자의식이 있을까? 그는 되물었다. "이렇게 늙어가고 있는데요?" 그리고 무신경한 잠언을 덧붙였다.

"살아 있는 한 할 일은 끝이 없죠. 동시에 그게 안 된다고 안달복달할 일도 아니다. 어차피 다 할 수도 없다. 다만 그럴 수 없는 삶의 과제들을 매일 할 수 있는 만큼 해가는 거다. 그래서 소원이 없다고도 말할 수 있고, 소원이 한없이 많다고도 말할 수 있는 거예요."

모든 말에는 허물이 있어서 반만 맞고 반은 틀릴 것이다. 그는 "이것만이 진리"라고 내세우지 않고, "다만 모를 뿐"이라면서 도망가지 않는다. 한편, 시대는 이름 없는 두려움을 하나 더 던져놓았다.

"모든 것은 시간이 지나면 반작용이 있다. 오래 사는 만큼 부작용이 생길 것이다. 문명이 발전했지만 환경 파괴라는 어마어마한 반작용에 부딪치지 않았습니까. 플라스틱을 발명했을 때도 썩지 않으니까 좋았는데, 안 썩으니까 또 새로운 문제가 발생하잖아요. 프레온 가스도 처음엔 무색, 무취, 무해한 냉매제였지만 지금은 오존층을 파괴하지 않습니까."

연못의 중심에서 파문을 일으키는 말은 현대적 편리가 주는 나태함을 일깨웠다. 그를 만나기 전까지 자문해보지 않았던 주제 앞에서 완전히 고독한 빈털터리가 된 기분. 낡은 의자에 앉아 뭔가를 기다리다 군용 구제소에서 잠을 자는 것 같은 심정. 문득 긴 세월을 허비했다는 사실이 눅눅하게 침습해왔다.

어느 새 싹이 움틀 것 같은 공기가 수북하게 느껴졌다. 봄의 양감이랄까. 별들의 운행은 울산 울주군 두북에서 밭농사 논농사를 지으며 선농일치(先農一致), 일하면서 수행하는 그 사람에게도 계절을 실어 날랐다.

"어릴 때부터 내 자화상은 농사꾼이다…. 내 마지막 모습은 농촌에서 태어나서 좀 돌아다니다가 다시 농사꾼으로 죽지 않겠나, 이렇게 생각을 해요. 저는 봄을 기다리는 편이에요. 농사 준비 때문에. 왜냐하면 땅을 갈아야 되고, 씨를 뿌려야 되고, 나무도 심어야 되고, 전지도 해야 되니까. 아무 때나 한다고 되는 건 아니잖아요. 일찍 심어도 죽어버리곤 하니까."

옷은 누군가의 삶이자 살아있는 생각, 내적인 동시에 외적인 제2의 피부, 육신을 통한 접촉을 의미한다. 회색 장삼과 팥색 가사는 그를 엄숙하게 만드는 불투명한 휘장이 아니라 그저 미니멀한 사물이었다. 이때 살의 비정한 물질성은 영적인 것의 반대 개념 같지 않았다. 그는 부의 제단에 바쳐진 내 눈 앞에서 유일한 사치가 몸을 덮는 작업복이라고 말하고 있었다. 모든 소유물은 불필요한 무게를 지닌다는 듯이.

종국에 그의 대의는 농사에 대한 존경, 땅과 그 소출로 향하고 있었다.

"제가 늘 마음속에 가지고 있는 건 '지금 출발이다'. 어제까지 연습이고, 지금 또 출발이고, 지나면 다시 연습이고, 지금 또 시작이고. 항상 그런 마음으로 살고 있어요."

시작이 없으니 끝도 없는 삶 속에서 그는 30년 만에 부처 가르침의 요지를 새로 강의할 예정이다. 아주 젊던 그때 불교정토대학에서의 강의는 말이 장황하고 불교 용어도 많았으나 새 온라인 강의는 일상 용어로 더 쉽게 하려 한다.

"이것은 '1만일 전법'. '만일'을 정리하니까 '만 명'이 들을 수 있게 참여시키자."

그는 무엇을 꿈꾸느냐로 규정되는 미래를 다시 끌어 당기며 조국으로 선회했다.

"당장의 화두는 한국 정치의 국민 통합. 지금 이 나라 가 커서 어느 한 사람이 끌기에는 힘이 부치거든요. 그 럼 상대편 인사나 정책을 쓰면 될 텐데 그걸 왜 못 할까. 전에 미국과 중국이 서로 협력할 때도 남북 관계가 안 풀렸는데, 미중이 이렇게 대립하면 더 풀기 어려울 텐 데. 지금 대한민국 국운이 굉장히 높아진 상태에서 남북 관계가 평화를 유지하고 협력하면 국력이 더 신장될 텐 데, 어떻게 하면 '코리아 리스크'─전쟁 나면 경제고 뭐 고 엉망이 되잖아요─에서 해방돼 핵이다, 미사일이다, 이런 소리 안 듣게 기여할 수 있을까. 어떻게 하면 자연 이 정복 대상이 아니고 삶의 토대라는 걸 자극해서 환경

위기를 극복할 대안적 모델을 만들 수 있을까."

우리는 결국 시계를 본다, 각자 정해진 일정에 맞추기 위해. 시계를 들여다보는 눈은 보통 실망스럽다. 시곗바늘이 시간을 졸라 인연 따라 만났으니 인연 따라 헤어져야 할 때가 되었다.

마지막으로 돌아가실 날이 일주일 남았다는 걸 알게 되면 무엇을 하겠냐고 물었다.

"그냥 하던 일 할 거예요."

재지한 무목적성의 즐거움.

나태로부터의 자유가 뭔지 알게 해준 사람과 이야기하다 보니 인생에서 제일 중요한 게 뭔들 나는 그걸 논할 자격이 없다는 생각이 들었다.

쾌락을 밀어낸 이의 처소 밖으로 나오는데, 함께 있던 순간이 증발해 비현실적인 것, 덧없는 것 속으로 용해되지 않을까, 모호하게 걱정되었다. 오직 공기 속에 머물러 있던 아침 안개가 그의 회색 가사색 같다는 생각만이 기묘한 안도감을 주었다.

마음속의 완구 공장

강유미

"사랑받고 싶어서 몸부림치는 삶인데, 항상 염세적인 생각을 해요. 근데
그 생각이 저한테 반대로 힘을 주는 거예요."

누구는 그 사람더러 재레드 다이아몬드라고 했다. 《제
3의 침팬지》 저자이자 인간 속성의 동물적 기원을 탐사
한 생태 인류학자. 그는 "그런 말은, 제가 굉장히 지적인
사람이 된 것 같아요. 너무 과분해요" 하며 다급하게 손
사래 쳤다. 그러나 그가 세태의 생리를 수시로 회처럼
떠낸다면? 결국 인간도 말하는 원숭이 아닌가? 표본의
규모와 범위가 다르고, 혹 언어 프리미엄이 있다 한들
도저히 그를 이웃집 재레드라 부르지 않을 수 없다.

바람 속에 깨진 거울이 있는 것처럼 차가운 10월의 야
외 카페. 고무보다 땡땡한 녹황색 열매가 뜨문뜨문 열린

감나무 아래 앉아 있으니, 그가 "짓궂군요" 하며 어깨를 톡 칠 것만 같았다. 그날, '좋아서 하는 채널' 유튜브 구독자 수는 약 84만 명. 강유미는 포니테일 머리를 하고 쑥색 재킷 안에 갈색 이너티를 받쳐 입은 채 검박한 영국 여성처럼 나타났다. 금방 관찰되지 않는 얼굴로.

"약간 뿌듯하고 조금 도취될 때도 있거든요. 그런데 그 많은 분들을 다 만족시킨다고 생각하면서 콘텐츠를 만들지는 못하는 거 같아요. 그냥 열심히 했는데 어쩌다 보니 이렇게 많은 분들이 와 주셨다, 그런 느낌인 것 같아요. 앞으로도 그 많은 분들에게 부응할 만한 콘텐츠를 만들지는 못할 것 같아요. 가능하지도 않고. 완전히 제 영역 밖의 문제예요."

록 다운과 화성 이주 계획이 뒤엉킨 시절에 구독자 숫자만 한 지위가 있을까? 그는 자기가 확보한 것이 뭔지 잘 모르는 것 같았다. 자기가 잘생겼다는 걸 모르는 잘생긴 사람을 볼 때의 기분? 아무튼 이 강력한 크리에이터의 세계에 발을 디딘 이상, 싫증 잘 내는 누구라도 쉽게 지지를 철회할 수 없을 것이다.

그 즈음 그는 개인의 성격을 유형별로 분류하는 MBTI 시리즈를 올리는 중이었다.

"제가 INFJ인데 그 유형이 다중인격 성향이라고 하더라고요. 여러 캐릭터를 그리는 건 거기서 온 게 아닐까 싶어요." 그는 손가락을 꼽았다. "예수, 마더 테레사, 히틀러도 INFJ라고 해요."

그들의 말도 안 되는 이중성은 일종의 마케팅 요소가 되었지. 이웃을 사랑하라던 예수가 격분해서 환전상들에게 채찍을 휘두를 때조차, 마더 테레사가 신의 은총을 잃어버린 것 같다고 어둠 속에서 울부짖을 때조차. 그러나 완벽한 인간, 완전한 자비는 없으되 우리는 그 이면(裏面)을 좋아하는걸.

＊　＊　＊

다들 그를 보며 일주일의 연료로 삼던 지상파 시절이 지나자 다른 국면이 펼쳐졌다.

"〈개그콘서트〉는 저의 의지만으로 만든 게 아니었어

요. 아이디어는 우리 것이었지만, 감독님과 작가님이 필터링하시고, 동료 의견도 조율해야 했어요. 대신 완충장치도 있었어요. 시청자분들이 항의할 때 제작진 탓으로 돌리는 방패도 있었고, 약간 보호받는 느낌이 있었어요. 지금은 제가 전권을 가져서 좋긴 한데, 저의 부족한 모든 것이 다 드러나니까. 칭찬도 비난도 오롯이 제 것이라서 기쁨과 그 반대편 두려움도 극대화되는 느낌이에요."

화가 잔뜩 난 세상에서 유튜브는 무엇이든 빨리 얻거나 잃게 만든다. 문화사적 구성과 형태를 띠는 자본주의의 비정한 모델이라서. 그리고 시대의 플랫폼이 방송국에서 유튜브로 바뀌는 전환의 시기에 그는 핵심 인물로 등장했다.

그의 채널을 볼 때마다 물음표가 꼬리를 문다. 주변에 저런 사람 꼭 있어. 근데 그 삶을 살지도 않았을 텐데 어떻게 알지? 무엇으로 행동을 보충하는 거지? 인물 각각의 세계관에 어떻게 그렇게 철저할 수 있을까? 친근함은 가까움. 가까움은 공유된 경험. 한 번도 말을 나눠

본 적 없는 사람의 마음에서 나오지 않는 것까지 추출하는 표현력의 근원은 뭘까? 이름 없는 사건조차 친밀하게 변형시키는 비밀은? 서로 쳐다보며 고개를 끄덕이거나 웃음 짓기라도 했을까? 아니 어떻게 카메라 앞에서 혼자 저렇게 연기할 수 있지? 얼굴에 어떤 것도 상관하지 않는 비브라늄 가면이라도 쓴 거야?

정말이지 개인적이고 탈이념적이며 인내심 강한 유튜브의 특성은 그의 본성과 아주 잘 맞았다. '메이크업샵 개념 부족 막내'의 풀풀 날리는 말투와 눈 따로 입 따로인 표정을 보면 거기서 일하는 조카라도 있나 싶고, '백화점 명품관 오픈 런'에서 직원의 나른한 듯 공격적인 경멸의 눈초리를 보면 도대체 애매하게 기분이 나빠진다. '도밀걸'의 몽롱한 동공과 점착성의 존칭이 영 거슬려도 통 빠져나갈 수 없는데, 뭔가 수틀릴 때 곧바로 위협적으로 변하는 눈은 실시간 브이로그를 찍은 것만 같다.

"어렸을 때부터 관찰하는 걸 좋아했어요. 저 사람, 지금 무슨 생각 하고 있지? 누구나 싸움 구경 좋아하지만 저는 더 좋아하는 사람이었던 것 같아요. 어디서 싸움이 났다 하면 지나치질 못하고 한참 보면서 가는 거 있잖아요. 저 사람이 무슨 얘기를 하는지, 힘의 권력 관계, 행동의 밑받침, 생각, 사상, 다 궁금했어요. 평소에 잡념이 많다고 할까요? 사람들이 말하는 저의 관찰력일까요? '도민걸'은 잠실역에서 만났던 여자분을 많이 생각하면서 찍었어요. 솔직히 말하면 호기심 때문에 끌려갔거든요. 말할 때 특유의 눈빛이나 확신에 찬 말투가 너무 흥미롭고 분석하고 싶은 거예요. 그런 사람 심리가 어떤 건지 좀 알기 때문에 내가 널 가르쳐줄게, 하는 우월감을 한 스푼 넣고 섞어서 만든 거죠. '명품관 매니저'는 전에 백화점에서 일할 때 거기 어떤 분위기, 직원이 옷을 후줄근하게 입은 고객을 무시한다든지 하는 마인드를 다 섞었어요. 솔직히 말하면 개그 욕심인 것 같아요. 친절하기만 하면 기분은 좋지만 재미 포인트는 없잖아요. 친절해야 되는 사람이 불친절할 때 그 상황이 너무 재밌잖아요. 성형외과 의사 연기는 제가 봐도 마음에 들어요. 한 다섯 번 정도 촬영했어요. 통으로 끊기지 않고 완벽하게 하고 싶은데 남자라서 쉽지 않으니까, 진짜 숨 쉬는 거 하나하나 연습해서 표현했어요."

기능적으론 친절하나 속에서 지글대는 서비스 직의 권태는 수은처럼 아슬아슬한 목소리를 거쳐 극한의 현실성을 얻는다. '찜질방 세신사'에는 습하게 들큰한 목욕탕 냄새가 그대로 올라오는데, 타일 벽에 난반사되는 음향과, 검정 레이스 옷과, 가슴께에 난데없는 부항 자국을 보면 고증 자체가 미스터리. 몸짓부터 착장, 해프닝, 소리, 소품까지, 말하자면 모든 디테일이 가공할 위력을 내뿜는다. 주도권을 쥔 세신사가 문득 하소연하는 듯한 얼굴을 하면 코믹함 속에서 목숨 같은 여음이 남아 어쩐지 서글퍼지는 것이다.

"소비자 입장에서 트라우마 있는 분들도 있고, 직업비하로도 비칠 수도 있는 문제라서, 나 먹고 살자고 누군가에게 상처를 주면서 콘텐츠를 만드는 게 아닌가 하는 생각도 많이 했어요. 내가 지금 잘하고 있는 게 맞아? 다른 사람 깎아내리고 우습게 만드는 거 아니야? 고민이 많았어요."

대본은 직접 쓴다. 고급 퍼즐 같은 숨 막히는 기지는 tvN
에서 코미디 할 때 대본도 썼던 경험으로부터 왔는지도
모르겠다.

"도움이 완전 됐죠. 그 당시에 제가 너무 힘들어서 막
욕 나오는 와중에도 와, 무대 뒤에 있는 일이 그렇게 매
력 있을 줄 몰랐어요. 같이 일한 동료 작가분들 중에 천
재가 너무 많았어요. 저는 글로 쓰건 연기를 하건 다 코
미디언이라고 생각하거든요."

그렇지만 솔직히 궁금했다. 그 대사를 정말 다 외우는
건지, 무슨 마법의 프롬프터라도 있는 건지.

"예전에는 통으로 외웠어요. 대본 보는 티가 나면 리
얼리티가 떨어지니까. 지금은 종이를 뽑아서 카메라 바
로 밑에 두 장씩 붙여놔요. 부끄러운 말이지만 두 장 정
도 분량하고 나면 약간 티도 좀 나고 좀 그렇습니다. '리
애란' 때도 많이 보면서 했습니다."

'북한 에스테틱 샵'이야말로 비애로 버무린 코미디의

112

정수이다. 발음에 소요되는 시간, 'ㅓ'를 'ㅗ'로 발음하는 경향, 치조음과 경구개음의 구별을 보면 거의 만화 같은 감동의 카탈로그를 느낀다. 아무렴. 리애란이라는 북한 동포가 지금 틀림없이 평양 어딘가에 살고 있고 말고. 허구의 인물이 당장 피와 살의 입체가 되는 스펙터클 앞에선 마블 영화도 주눅들고 말 것이다.

"북한에서 귀순하신 분한테 제가 쓴 대본을 보내드리고 녹음을 부탁드렸어요. 평양 사투리로 해달라고. 그걸 받아서 듣고 연습해서 리얼리티가 좀 더 산 거 같아요. 눈물 난다는 댓글도 있는데, 그런 감동을 내가 줄 수 있었다는 게 너무 감사하고 뿌듯했어요."

아무리 그렇다 해도 강유미 안에 인격과 자아와 '부캐'가 도대체 몇 개라는 걸까? 그 마음속에는 종류가 수천 종이나 되는 토마토가 사는 걸까? 혹시 100개의 사지와, 1000개의 얼굴, 만 개의 눈동자가 있는 게 아닐까? 인간이라는 책을 인문학 서재로 옮기는 과정은 절대 끝날 리 없다. 모든 클립이 그의 이데올로기가 된 미친 재능을 보여 주니까.

"저는 모든 게 모순이거든요. 양가감정이 항상 있어요. 누군가에 대해 어떤 판단을 내렸다가도 아니야, 알고 보면 그렇지 않을 거야. 선입견을 안 가지려고 해요. 뒷면도 보려고 애를 쓰는 성향이라서 저 자신을 많이 괴롭혀요. 모든 것을 그렇게 바라보는 특이한 점이 제 콘텐츠를 이루는 것 같아요."

이야기에 밀가루 반죽으로 폭탄을 만들 정도의 입담이 아니라 어떤 회피가 비칠 때면, 코믹한 고통의 표정을 짓자고 전두근의 내측을 사용하던 우디 앨런이 보인다. 친절하지만 비사교적인 얼굴. 그러나 빛나는 건 너무나 전염성 강한 청각.

"초등학생 때 우연히 AFKN에서 심슨 만화를 봤는데 미국식 블랙 유머 코드가 느껴졌어요. 제가 그걸 보면서 어, 저거 웃기네, 하면서 웃고 있는 거예요. 사실 심슨이 어린아이들을 위한 만화는 아니잖아요. 그런 면으론 어느 정도 코미디 쪽으로 소질이 있었던 게 아닌가."

그 사람에게 코미디는 출생 증명성 같은 것. 너무나 당연한 것.

"사춘기 땐 다크함의 끝이었어요. 음침하고 무서워서 애들이 말을 안 걸었어요. 선생님도 무섭다고 하실 정도로. 실은 아이들이 만만하게 볼까 봐 무서워서 강한 척한 거예요. 그땐 정말 친한 한 명하고만 다니는 내성적인 스타일이었어요. 베프한테는 본모습을 드러냈었죠. 지금은 웃기고 싶은 마음을 숨기고 나는 안 웃긴 척하는데, 그때는 수단 방법 안 가리고 웃겼어요. 친구가 눈물을 흘려가면서 웃으면 세상을 다 얻은 것 같았어요. 중고등학교 때 연극반 활동도 6년 내내 했어요. 처음에는 비중도 적었어요. 배역이 대사가 네 줄 밖에 안 되는 〈나의 라임 오렌지 나무〉의 꼬끼오 부인이었어요. 야, 이 썩을 놈아, 니가 우리 집 창문에 돌을 던져가지고 어쩌고, 막 화내는 거예요. 〈굿닥터〉를 제일 좋아했어요. 그땐 남자가 없으니까 제가 치과의사부터 이반 일리치 체르디아코프 같은 남자 역을 죄다 하면서 뛰어다녔어요. 진짜 지치는 줄도 모르고 너무 행복해했어요."

열아홉 살 여름부터 스무 살 여름까지 딱 1년을 채워 백화점 직영 사원으로 일하기도 했다. 그리고 어떤 경험도 상투적으로 날리지 않았다.

"제가 상업고등학교 졸업할 때, 누구는 삼성 반도체 가고, 에버랜드 쇼걸로 가고 그럴 때 나도, 뭐? 백화점 연봉 1700이라고? 가슴 부풀어서 면접 보고 백화점 1층 화장품 코너에 배치가 됐어요. 근데 제가 숫자에 원래 약한데 부족하거나 초과되면 메꾸거나 물어줘야 되거든요. 한 몇 십만 원인가 물어줬어요. 거의 기계적으로 할 수 있는 거고 엄청 어려운 계산은 아닌데도. 화장품 팀 선배님 세 분하고 제 동기 한 명, 담당 주임님이랑 여섯 명이 팀으로 움직이는데 놀림도 많이 받았어요. 내성적이면서도 특이하다고. 굼뜨고 어리바리한데도 장기자랑 때는 막 나서고, 롤 플레이 경진대회도 휩쓰니까. 그때 랑콤, 에스티 로더 협력 사원 언니들이 되게 예뻐했어요, 웃기다고. 맨날 저한테 와가지고 '유미야. 너, 〈TV는 사랑을 싣고〉 나가면 나 불러라' 그랬어요."

연산에서 생긴 계산 착오조차 가뿐하게 들렸다. 체계가 다른 삶을 사는 사람에게 코미디는 확실히 인생의 촉매제이자 증상이었다.

"당시 〈한반도 유머 총집합〉이라는 오디션 코미디 프로그램에 제가 대본 쓰고, 동네 친구를 설득해서 같이 나갔는데, 지금 생각하면 너무 창피한데, 상대밖에 없다던 베프가 마지막 남은 과자를 친구가 먹었다고 대판 싸우는 걸로 최우수상을 탄 거예요. 그래. 난 역시 여기 있을 인물이 아니지, 막 이러면서 명찰 반납하고 백화점 그만두었는데, 친구 어머니께서 자기 딸 멀쩡한 직장 다니는데 꼬드기지 말라고 하셔서, 약간 상처를 입고 파트너를 찾았어요. 그때 짝이 없어 고민하던 정경미 언니가 손을 내밀어서 그때부터 둘이 팀으로 활동을 했어요."

어떻게 이렇게 모든 이야기가 무구하게 들릴까? 누가 그 마음속에 완구 공장을 통째 집어넣은 걸까?

* * *

처음부터 무명으로 지낼 수 없었다. 그는 '고! 고! 예술 속으로' '사랑의 카운슬러' '분장실의 강선생님'으로 코미디언더러 왜 희극 '배우'라고 하는지 알게 해주었다.

겨우 20대에. 누구는 그가 너무 잘해서 차라리 짜증난다고 했다. 그것도 수십 번이나. 그가 가차 없는 혀로 누구를 가격하는 일 없이 격렬한 현재성과 마음을 누그러뜨리는 낙관으로 웃음이라는 진정제를 투여할 때, 10분 콩트가 1분처럼 짧게 느껴지는 시간의 왜곡. 그렇지만 스스로도 방송에 어울리지 않는다는 내성적 성격으로 어떻게 카메라를 진압하고 무대를 지배했을까? 어떻게 균열을 찾는 데 능숙한 이들을 설득했을까?

"저는 30대 초반까지도 입만 열면 주위를 싸하게 만드는 사람이었어요. 코미디언으로서의 애티튜드는, 어찌 보면 가식이죠. 그런데 직업적인 '나'댄'인 것 같아요. 생계를 위한. 제가 텐션도 낮고 굉장히 음울한 성격인데 직업적으론 웃을 수밖에 없잖아요. 공연을 하면서 날 보고 웃는 사람들을 보면 또 나도 웃게 되고, 웃음이 항상 가까이 있으니까 저라는 인간이 확실히 밝아지고 성격도 많이 다듬어진 부분이 있어요. 그때는 경쟁의식이 어마어마했어요. 지금은 그때에 비하면 거의 없다 해도 상관없을 정도고요. 저 혼자 유독 (안)영미를 너무 시기하고 질투해가지고 티가 다 났어요. 영미도 그런 적이 있었다고 저한테 고백은 하는데, 저에 비하면 새 발의 피도 안 되더라고요. 전 사회성 없어서 뚝딱거리는데 영미는 제가 갖지 못한 걸 되게 많이 가진 친구였어요. 굉장히 잘 웃고, 사람들하고 소통도 잘하고, 이성한테 인기도 되게 많았어요. 그런 점이 되게 눈꼴시더라고요."

그는 긴 세월 합을 맞추었던 희극적 샴쌍둥이 이야기를 하며 허심탄회하게 웃었다.

"걔가 남자친구랑 깨가 쏟아지게 행동을 하면 '아, 사람들 다 있는 앞에서 굳이 왜 그래?' '영미, 남자 공백 없지. 남자친구 또 한 명 찾겠지, 뭐. 얼마나 버티겠어?' 이런 식으로 되게 말을 밉게 했어요. 그때 저를 손절 안 해준 게 얼마나 고마운지 몰라요."

한편, 강유미는 자멸적인 분장과 보이시한 캐릭터에 마음 쓰지 않는 듯 보였다.

"'분장실의 강선생님'으로 개 분장을 하고 망가진다고 여자로서 못할 짓이라는 생각은 해본 적이 없어요. 제가 이타적이라서가 아니고, 코미디언들은 뭐든 좀 삐딱하게 보고, 폼 나고 싶은 마음도 스스로 비웃고, 우스꽝스러워야 되고, '나는 간지 나는 사람이 아니야' 스스로 프레임을 씌우고 그러거든요. 저는 제가 못났다는 게 팩트라고 생각했어요. 제가 잘났다면 잘나 보이겠죠. 잘났다고 사람들이 얘기하겠죠."

그러나 나는 잘난 사람 인터뷰하러 간 거였다. 몇 가지 대립된 마음이 들었다. 그것이 코미디 로맨티스트의 본질일까? 그냥 뒤틀린 진심일까? 이때 반전의 한 장면이 휘몰아쳤다.

"제가 망가지는 부분도 많고, 웃기려고 무리수 두는 면들이 제 배우자한테 그렇게 좋게 보이지만은 않는 것 같더라고요. 그런 것 때문에 부딪힌 적도 많아요. 제가 소탈하게, 너무 오픈해서 돌아다니고 털털하게 밥 먹고 그러니까 저한테 좀 조심성 있는 게 좋지 않겠냐고 얘기하면, 전 또 어휴, 꼰대같이 왜 그러냐고…. 근데 진짜 죄송하지만, 오랜만에 영상 보면, 그동안 제가 한 코미디 프로그램을 보면 좀 잘한 것 같아요. 어렸을 땐데 참 잘했네, 자찬하고 그래요."

그가 웃을 때 오른쪽 귀의 파란색 세모 귀고리와 보라색 둥근 귀고리 두 개도 나란히 깔깔댔다. 장신구의 오묘한 형태가 그의 잔잔한 광기를 수식하는 순간. 병 속에 있는 티나 터너가 뛰쳐나오기 직전이었다.

귓바퀴가 얼 것 같았다. 우리는 계절의 순환에 의미를 부여하며 실내로 자리를 옮겼다. 커피숍에 퍼지는 낮의 추위는 멀리서 스치는 소리처럼 애매하게 느껴졌다. 침묵이 지나고 있었다. 침묵을 견디지 못하고 뒤척일 이유가 무엇일까. 수줍은 듯 내적인 그 얼굴에 미묘한 우수가 번졌다.

"전 실수투성이예요. 실수가 별명이라고 해도 좋을 지경인데, 무엇보다 소품 안 챙기는 버릇. 전화기를 가져가야 되는데 챙기지 않아서 마임으로 손 전화기를 표현해가지고 선배님한테 혼난 적도 있어요. 시간관념이 부족한 것도 본질적인 저의 단점이죠. 근데 최근 저의 그런 면들이 '수동공격'이라는 생각이 들었어요. 그 관점에서 보니까 고칠 수 있겠다는 생각이 들었어요. 실수하고 싶어서 실수하는 사람은 없잖아요. 그 뒤에 혼날 것과, 그 욕과 비난을 자처할 사람이 누가 있겠어요. 난 분명히 신경을 쓴다고 한 건데 내 인생에 왜 자꾸 이런 일이 반복될까? '번번이 지각하는 사람의 특징'으로 검색을 했더니 '수동공격'밖엔 답이 없는 거예요. 이거구나 싶더라고요. 뭔가 체제에 대한 반항심이 있고, 하기 싫은 일, 빈정 상했던 일, 생계를 위해서 어쩔 수 없이 해야 되는 일, 체계적으로 마음에 안 드는 일들을 제가 그런 식으로 표현하는 것 같아요."

그는 끌어모을 수 있는 모든 집중력으로 대답을 찾았다. 질문을 두 번 할 필요가 없었다. 지연된 침묵이나 무심한 누락 같은 건 있지도 않았다.

그런데 가끔 코미디 자체가 고독한데 왜 코미디라고 할까, 의아해진다.

"한때 코미디를 그만두고 싶었던 때도 있었어요. 지금은 많이 사라졌는데 남자 개그맨분들이 너 못생겼다, 너한테서 우리 할아버지 냄새 난다, 여성 비하가 많았거든요. 〈연예가중계〉에서 〈개그콘서트〉 멤버들한테 여자 개그맨들 사진 보여주면서 '누구랑 사귈래요?' 하는 인터뷰도 했어요. 그럼 남자 개그맨들이 당연히 탄식하고 그러는데, 그게 실수도 아니고, 그냥 익살맞은 걸로 생각해서 모두가 웃는데, 그걸 기분 나빠 하면 나만 속 좁은 사람이 되는 시절이 있었어요. 그때 되게 많이 힘들었어요. 망가지는 것에 대해서는 서운함이 없었는데, 여자로서 인정받는 것에 대해서는 욕심이 많았던 것 같아요. 지금은 사회적으로 그게 그렇게 용인이 안 되잖아요. 이젠 결혼도 했고, 누가 뭐라고 놀려도 '마상' 안 입어요."

아니, 한 푼 주고 보라면 두 푼 주고 고개 돌릴 얼굴들이 무슨 낯짝 무슨 자격으로? 못생긴 건 제 잘못 아니지만 무식한 건 지들 잘못 아니야?

* * *

강유미는 2008년, SBS 〈김어준의 블랙하우스〉에서 홍준표, 김성태 같은 정치적 요주의 인물들에게 다짜고짜 마이크를 들이대는 인터뷰로 세간의 이목을 끌었다. 바쁘다면서 애꿏게 시계를 보는 김성태에게 "혹시 박근혜 전 대통령이 무죄라고 생각하십니까?" 하고 캐묻고, "노 노" 단답으로 거부하는 홍준표를 따라가며 "꼭 기자라는 직책이 있어야지 질문드릴 수 있는 건가요?" 하며 따지고, 카지노 직원 유니폼을 입고 포켓에 꽃을 꽂고는 "강원랜드에 몇 명이나 '꽂'았어요?"하며 권성동을 몰아부칠 때 그들의 답변은 논외의 것일 뿐이었다. '질문하는 자'의 본질을 방기한 기자들의 비겁을 돌려 깐 시절이었다.

"그때는 비결이 있었는데요. 저는 강유미라는 배우가 권성동이라는 배우에게 무대포로 다가가는 신! 그렇게 생각했어요. 우호적으로 반응하지 않는 권성동이라고 생각하고 연기했어요. 그 뒤론 제 차에 폭탄이 설치돼 있나 괜히 뒤져보기도 하고, 이상한 영화적인 상상도 하고 그랬는데 저 같은 찌끄레기는 별로 신경도 안 쓰시는 것 같아서 잘 먹고 잘 살고 있습니다. 저는 정치적인 이념도 모르는 사람이었어요. 지금도 모르고요. 방송에선 애드리브도 못하고 늘 위축돼 있었는데, 제 딴에는 기지를 발휘해서 질문한 것들이 좋은 반응을 얻는 걸 보면서 나를 조금 더 믿어도 되겠다고 생각했어요."

그는 놀랍게도 무대공포증이 없다고 했다. "저 사이코 패스인가 봐요. 모르니까 용감했던 것 같아요." 그리고 제 가슴을 가볍게 쳤다. "저 호랑이 심장이에요."

이상했다. 우월감과 열등감을 동시에 갖다니. 놀라움과 상념 사이를 오가며 약간 회의적이다가 진심으로 확신에 차 있다니. 충분히 탐구되지 않았고, 헤프게 웃기지 않으며, 때로 길 밖에서 자발적으로 방황하는 강유미를 보며 이 부분에는 나중에라도 토론하고 싶은 철학적 성분이 있다고 느꼈다.

그러나 무중력 상태에서 영원히 군림하는 코미디언 군주라 해도 관심을 못 받는다면 풀장에 푼 염소보다 빨리 녹아버릴 것이다. 그때 유튜브 ASMR 롤 플레이는 발견이 아니라 발명과 같았다.

"유튜브가 참 신기한 게요, 저 혼자만의 능력으로 되는 게 절대 아니더라고요. 물론 저 혼자 나오고, 저 혼자 대본 쓰고, 저 혼자 준비하고, 저 혼자 하는 것 같아 보이지만 그렇게 운영한 건 어제오늘이 아니거든요. 2017년에도 2018년, 2019년에도 그랬거든요. 근데 그때는 잘된 적도 있었지만 많이 외면받았어요. 허덕이고, 다음 거 못 찍고. 그 생각 하면 죽을 것 같고. 그런데 요즘은 안 그래요. 어쩌다 보니까 세계관도 연결되고, 그렇게 엮이면서 수월한 타이밍이 된 것 같아요. 2018년부터 유튜브에서 '좋아서 하는 채널'을 했는데 1년 반 넘게 침체기였어요. 영상을 올리면 구독자가 오히려 떨어지는 거예요. 그래서 구독자 이벤트도 해보고, 좋지도 않은 선물 막 나눠주면서 구독 좀 해달라고 구걸하고, 별짓 다 했어요. 구독자 수가 나의 정체성이라고 생각했던 때였고, 애를 썼는데 그만큼 대가가 안 돌아오면 막 화가 나고 뺏기는 기분이었어요. 이래저래 결혼 때문에 이사도 하고, 금전적으로 좀 어려울 때라서 유튜브를 접으려고 했어요. 잘 됐어. 어차피 내가 찍은 영상 아무도 원하지 않는데 이참에 그만둬야지. 계약 기간이 끝났을 때였거든요. 근데 종합소득세 내야 될 5월쯤에 다이아 티비에서 '재계약 하셔야죠' 그러면서 계약금을 내미는 거예요. 너무 감동받았어요. 저는 대박 날 자신이 없는데 괜찮냐고 하니까, 괜찮다고, 그냥 계약 사항만 지켜

주시면 된다고 했어요. 새 PD님이 첫 콘텐츠는 무조건 ASMR 상황극으로 했으면 좋겠다고 해서 '싫은데 하는 메이크업 샵'을 했는데 반응이 너무 좋은 거예요. 아, 이건 되겠구나."

재림은 공표되었다. 롤 플레이와의 야심만만한 로맨스는 기존 미디어의 석양에 완전히 새로운 승부수였다. 이제 그의 ASMR은 다수의 생활에 벽지 같은 존재이자 감정적인 백신이 되어 하루라도 듣지 않고는 잠들 수도 없다.

"저는 진짜 뭐랄까, 안팎으로 점점 여유로워지고 진짜 만족스러워진 것 같아요. 예전에는 많이 가진 것 같아 보여도 내적으로 되게 가난했는데, 지금은 나이와 함께 그런 부분도 좀 차오르는 것 같고, 좀 많이 행복해진 것 같아요. 그런 얘기 많이 하잖아요. 20대로 돌아가라고 해도 안 돌아간다. 저 정말 진심이거든요."

그는 도시 사회의 경향에 모든 시간을 쓰며, 가속과 과속 사이에서 일주일을 보낸다. 유튜브는 일주일에 2회 업로드 목표로 자료 조사하고, 대본 쓰고, 촬영하는 데

하루를 할애한다. 이것만 해도 거의 활동과다증 아닌가.

"사람들은 저한테 쉬긴 하냐고 물어보시더라구요. 그렇지만 경제적 자유가 전혀 없고요. 완전히 생계형이에요. 잘 나가는 A급 MC들은 좀 다른 얘기긴 한데, 저는 사실 방송 쪽으론 돈이 모이지 않았어요. 진짜 유튜브로 돈 모은 게 얼마 되지 않았어요. 최근 1년, 2년이에요."

그리고 슬금슬금 주식도 하는 행복한 난센스!

"주식, 잘 몰라요. 그냥 잔고를 자주 들여다봅니다. 책은 읽으면 읽을수록 꾼이 되지 않고서는 '장투'밖에 답이 없겠던데요? 어휴, 한참 열심히 일해야 됩니다."

"장투가 뭐예요?"

"장기 투자요. 그냥, 그냥 부지런히 일해서 장기 투자 해야겠다는 마음밖에 없어요."

그러곤 말 그대로 헤헤, 소리를 내며 웃었다.

생계라는 말 앞에서 완벽히 이성적인 사람은 없겠으나 뭔가 기록적인 수익을 낼 줄 알았다. 어쨌든 그의 생계는 독창성이라는 입찰자가 있는 한 속히 할부 상환될 것이다.

그리고 매일 한 시간씩 운동하고, 강아지랑 산책도 꼭 하고, 1000개 정도의 유튜브 채널을 구독하고(그중 '하쁠리' '회사원 A' '피식대학'은 조금 더 본다), 금요일엔 KBS〈쌤과 함께〉를 녹화할 때 돈 받으며 배우는 기쁨. 아울러 그는 요즘 읽는 영성 충만한 책에 대해 들려주었다.

"좀 쑥스러운데 매일 읽는 책이 있어요.《기적 수업》. 워크숍처럼 365일, 매일 한 장씩 읽을 수 있게 만든 책이에요. 마음이 힘드니까. 아무래도 마음이 힘든 분들이 보시잖아요. 뭐, 남편과의 관계도 있고."

그는 볼을 쓰다듬었다.

"나이 들면서 잠재의식에 부정적인 것들이 늘어날 거 아니에요. 그 많은 관념과 쌓여 있는 감정들이 저를 힘들게 하는 거죠. 그래서 그런 것들을 좀 캐내야겠다. 지금 되게 많이 마음이 편해졌어요."

섣부르게 이름을 얻어 기고만장한 이들을 볼 때마다 그들이 착각하는 지위도, 헤픈 열광도 우리 중 누구도 준 적이 없다고 생각했다. 그런데 성정이 맑은 사람과 함께 있을 때, 이 아픈 듯한 아늑함은 무엇일까? 즙처럼 스미는 안전한 감각은?

　정동 중명전에서 촬영을 할 때 바람이 불어 휴대용 조명기가 쓰러지자 "우왁!" 하며 그의 검정 슬랙스와 벨크로 운동화가 먼저 달려와 세웠다. 그 순간, 홍수처럼 미안한 마음. 그땐 흰 구름 아래 덕수궁 돌담이 목련 커튼처럼 보인다는 말도 하지 못했다.

　"어렸을 때 마돈나같이 성공한 분들 전기 많이 봤어요. 왜 그랬는지 모르겠어요. 집이 어려워서 그랬나 봐요. 집이 후지다고 놀리는 친구도 있었고, 그런 데서 자연스럽게 왔나 싶어요. 집에 딸 둘밖에 없어서 아버지가 많이 허해한 게 콤플렉스가 되었나. 가장으로서 아들 이상을 해내고 싶다, 그런 게 있었던 것 같아요."

* * *

오후 두 시. 그는 최고의 사치가 결혼이라고 말하며 검지에 반지가 끼워진 오른손을 목에 댔다. 연회색 매니큐어의 조금 탁한 빛은 어딘지 공기와 겉돌았다.

"좀 많이 좀 내밀하긴 한데, 결혼이라는 걸 통해 사회적으로 흠 없는 이미지, 일반적인 이미지, 남들 하는 거 다 할 수 있는 이미지. 일로도 성공하고, 결혼도 하고, 배우자로서 욕심 낼 만한 여자로 인정받고, 그런 걸 다 갖춘 사람을 꿈꿨던 것 같아요. 그래서 배우자랑 같이 있으면 유독 세속적인 욕망이 더 많이 생기는 것 같아요. 보란 듯이 사는 모습 보여주고 싶고. 제가 나름 미니멀리스트였는데 소파도 몇 백만 원짜리 사고, 대리석 식탁 놓고, 집도 큰 평수로 가고. 지금은 작은 집으로 옮겼어요. 그리고 제 욕망만 있는 게 아니잖아요. 배우자가 가진 욕망도 있잖아요. 그게 상이한 것도 있고, 내 욕심대로 할 거야, 이러면서 싸우고. 그런 욕심을 이뤄도 별로 충족감이 느껴지지 않고 왜 이렇게까지 부딪히지? 그렇게 사랑한다고 했던 사람이 왜 이렇게 달라진 것 같지? 저는 결혼에 사랑의 종착역 같은 의미를 부여했는데, 그 관계조차 불안하기만 하고 쉽지 않아요. 결혼이 내가 생각한 것만큼 가치 있는 게 아니고, 내가 부여한 의미만큼 행복을 보장해주지 않는다는 생각이 들어요. 그게 남편이 별로인 사람이고, 내 결혼 생활이 남들보다 특별히 불행해서는 아닌 것 같고, 저 스스로 제가 가진 상(像)을 충족시켜야 한다고 강요하는 거잖아요. 내 결혼은 들숨과 날숨마다 나를 행복하게 해줘야 하고, 내 배우자는 늘 나에게 안정감을 주고 한결같은 사랑을 줘야 된다는 우김 때문에 스스로 고통을 자처하는 거죠."

그는 스스로 그어놓은 대답의 국경을 지워버렸는지도 몰랐다. 정말이지 그는 효율적인 사람이 못 되었다. 단지 정직한 욕망과 가끔 표류하는 마음…. 모두가 결혼의 껍질은 부드럽고 흠이 없어야 하며 살은 단단해야 한다고 믿지만, 결혼은 결핍을 끌어들여 나의 시점으로 재조립하는 과정이 필요한 제도일 뿐. 그게 설명서대로 끼워맞추는 조립식 가구와 같을 리 없지. 그러니 누가 나를 묻어버리고 싶어 해도 나의 진짜 삶을 잃을 수 없는 것. 그는 다른 심리적 매트릭스를 통해 움직이고 있었다.

"인사동, 삼청동, 서촌 그리고 익선동. 제가 좋아하는 동네가 다 종로구더라고요. 사실은 한옥을 구해서 살고 싶었는데 여건이 안 되더라고요. 너무 비싸고 돈도 별로 없고. 여건이 되는 한옥은 주차도 안 되고. 그래서 포기했어요. 늦게 자고 늦게 일어나는 거, 너무 싫어요. 저도 아침 공기 맡으면서 산책 해보고 싶고, 아침 뉴스도 보고 싶고. 그런데 이렇게 산 지 너무 오래돼서…."

그러나 늦게 자기 때문에 밤의 천막을 더 깊숙이 들추어보는 것을.

"사랑받고 싶어서 몸부림치는 삶인데, 항상 염세적인 생각을 해요. 근데 그 생각이 저한테 반대로 힘을 주는 거예요. '여기는 너희 집이 아니다. 이 세상에는 네가 찾는 게 하나도 없다.' 이 문장이 《기적수업》에 나오는데 요즘 제 모토예요. 성공이든 사랑이든 무의미함을 느낄 때, 그 문장이 있으면 힘듦이 정리돼요. 저는 엄마가 항상 뜬금없는 포인트에서 버럭버럭 화내는 걸 보고 너무 이상한 사람이라고 생각했거든요. 그런데 지금, 옳고 그른 게 없다는 걸 배우면서 와, 엄마가 어찌 보면 도를 아는 사람이다 라는 생각이 드는 거예요."

"엄마가 소녀 부처를 낳으셨네요."

"아니에요, 아니에요. 저는 못돼가지고 엄마를 한 번

도 존경한다고 생각한 적이 없어요. 근데 그게 아니라는 걸 알게 됐어요. 자식들을 키우고 어려운 가정 살림을 하고 그냥 집에만 있다시피 한 아버지를 건사하는 게 어떤 삶이었을까. 엄두도 안 나요. 어머니처럼 살 자신도 없고. 그냥 너무 대단할 사람이었던 거예요."

선선함과 너그러움이 여과 장치 없이 흘러들어왔다. 유년의 사진첩에 누군들 웃는 얼굴만 가득할까. 그는 불같은 야망을 풍자적인 대사로 이어나갔다.

"어렸을 때 저는 야망충이었어요. 스무 살 때 그분을 영접했는데, 세상에는 주성치 영화를 본 사람과 아닌 사람으로 나뉜다, 이런 거창한 명언도 있더라고요. 그런데 와, 코미디언으로서 온갖 영화를 다 누린, '동양의 찰리 채플린'이라는 말이 정확한 거예요 우리나라에는 주윤발 이런 분들보다 상대적으로 안 알려졌죠. 저는 그 개그 코드가 너무너무 웃기고 와닿았어요. 이 사람은 코미디로 세상을 다 씹어 먹는구나, 나도 한국의 주성치가 되고 싶다, 이 정도로 욕심이 가득했었어요. 근데 그 꿈은 이루어지지 않을 것 같고요. 되면 좋지만 그게 안 되는 인생이라고 해서 슬프단 생각이 안 들어요. 오히려 그런 욕심을 버리고, 밥만 먹고 살면 되지 뭐, 이러고 있는데 구독자가 80만 명 넘어가니까 훨씬 행복해지는 것 같아요."

그러나 아직 뜯지도 않은 박스가 얼마나 많은데. 그 사이 욕심이 하나 더 늘었다.

"사랑하고 사랑받을 수 있었던 사람, 사랑스러웠던 사람으로 기억되고 싶어요."

사랑하는 것은 재능. 사랑을 느끼는 것도 재능.

유미의 세계는 흑과 백도 아니고, 희극과 비극도 아니며, 만화와 영화도 아니다. 세상은 미지의 잠재력이 가득한 황무지. 그러나 탄환이 바닥날 리 없다. 우리가 할 일은 그의 영상이 속히 업로드 되기를 기다리는 것뿐.

파도 속의 영원

정현채

"'영원 불멸'이나 '여행' 같은 말은 과학에서는 거의 안 쓰는데, 과학자들이 종교나 철학에서 쓰는 용어를 썼다는 게 아주 인상 깊었어요."

당신은 언제 그 생각을 해야 할지, 지금 하는 게 나을지 잘 모른다. 아주 당황스럽고, 공포스럽고, 이상하고, 압도적이고, 놀라울 만큼 중요한 것. 악몽처럼 회의적인 것. 이 모든 것의 가장 나쁜 혼합. 바로 죽음에 대해서다.

　유물론과 실증주의, 그리고 뭐든 원자까지 파고들어가면 다 파악할 수 있다는 환원주의의 세상에 정현채 서울대학교 의대 명예교수가 2007년부터 시작한 죽음학 강의는 주류 사상도 아닌 채 벌써 605회를 넘겼다. 우리가 배운 바 없는 죽음 이면을 들추곤 귀에 쏙 박히는 음정으로 들려주는 이야기는, 죽음이란 인생을 잔인하게 쥐어짠 요약에 불과하다는 마음을 요모조모 비틀고 있었다.

죽음학의 마스터, 헬리코박터 파일로리 연구의 권위자, 죽음에 대한 포괄적 사색이며 죽음의 재정의 조서 《우리는 왜 죽음을 두려워할 필요 없는가》의 저자, 간혹 (고려말 신돈처럼) 혹세무민하는 '요승'이란 기기묘묘 악플의 과녁. 그는 죽음의 황금빛 실마리를 쥐고 있을까? 아니면 목적에 활용하기 위해 복음서를 든 채 기꺼이 확증 편향 편에 선 위선자일까?

그는 제주 중산간, 해발 고도 230미터, 해안에서 15킬로미터 거리의 조천읍에 살고 있었다. 시간에 그슬린 흑갈색 담장을 빠져나가 좁다란 고샅길을 달리자 근대 건축처럼 소쇄하고 조형적인 뾰족지붕 집이 보였다. 늦여름 비에 뽀얗게 젖은 나무들은 포도 넝쿨로 되살아난 보초병처럼 단정하게 집을 에워싸고 있었다.

"주변에 나무를 한 130그루쯤 심었어요. 묘목도 한 50그루 심었어요. 좀 비싸긴 하지만 큰 나무를 심은 것은 제 삶의 종착역이 얼마 안 남았을지 몰라서. 작은 나무 묘목은 크는 거 보려면 한참 시간이 걸리니까요. 퇴직 때 받은 금반지까지 홀라당 팔아 나무를 다 사서 지금 금반지도 하나 없어요."

이름 난 소화기 내과 의사의 가운을 벗고 아무 연고 없는 제주에 내려온 지 5년째. 워낙 아내의 소원이 죽기 전에 땅을 조금 사서 나무 집을 짓고 나물 심는 것이기도 했다. 매번 학회차 제주에 올 때면 중문 호텔과 공항 사이의 짧은 동선만 오갔는데, 암 수술 받은 대학 동창이 작파하고 내려와 조천 구좌읍에서 게스트 하우스를 연 것을 보고 그 참에 마음을 굳혔다.

"의사는 40년간 일했으니까 그때가 그립지는 않고요. 이제 할 만치 다했다, 이런 생각이 들어요."

건축가를 수소문해 조립식으로 지은 집에 복숭아나무와 녹나무 냄새가 넘실거렸다. 그리고 근거 중심의 의학 분야에서 93퍼센트 확률이라는 개연성 없는 사실로 받아들이지 않았던 전직 의사이자 논리적으로 설득되지 않으면 무엇도 믿지 않던 실증적인 사람이 '과학적으로' 카르마와 윤회를 이야기하기 시작했다. 불가해함을 제스처로도 받아들일 수 없는 세상에 모든 이야기가 확실성의 과정을 거쳐 증명되기라도 한듯이.

"저도 이렇게 오래 하게 되리라고는 생각을 안 했어요. 죽음학 강의 초반에는 눈에 보이지 않는 영적인 현상, 근사 체험이나 삶의 종말 체험을 다루는 게 좀 겁이 나기도 했는데, 지금은 전혀 아니죠. 제가 얘기하는 윤회는 어떤 교리가 아니고 실제로 서구에서 하고 있는 연구 자료에 근거를 둔 거예요. 환생이나 윤회만 해도 미국 버지니아 대학의 인지과학 연구소에 제일 자료가 많은데, 그걸 이끌었던 이안 스티븐슨이라는 정신과 교수—2007년인가 돌아가셨죠—는 병의 원인으로 유전이나 환경적인 영향 말고 다른 게 있다고 생각해서 실제로 전생을 기억하는 아이들 사례를 조사했어요. 전생을 기억하는 아이가 있다는 보고가 있으면 통역관 데리고 아이의 전생 기억 무대인 마을과 부모를 찾아가, 그 진술을 범죄 사건 수사하듯 면밀하게 교차 검증해서 모은 케이스가 2400건 정도 돼요. 버지니아 과학 연구소의 환생 개념 사례는 인도나 미얀마가 일반적인데 (전생을 기억하는 아이들 중 가장 잘 알려진) 제임스 리니엔거의 사례처럼 기독교 국가, 청교도 국가라는 미국, 영국 사례들이 점점 많아지는 거죠. 이안 스티븐슨 교수가 세상을 떠나고 짐 터커라는 소아정신과 교수가 뒤를 이어 연구하고 있는데, 요새는 아마 케이스가 3000건 이상 될 거예요."

신체가 불사성의 정의로 다듬어졌다고 우기는 사회에서 죽음은 온통 불경시되는 주제이자 도무지 유해한 관념, 즉각적이고 실질적인 근심, 또는 동정 없는 세상에 시적 정의로나 받아들여진다. 죽음에 대해 기꺼이 이야기할 수 있을 때 얻게 되는 삶의 관점이란 처음부터 허무한 것. 명석한 척 탐구해 본들 스웨덴의 스베덴보리, 그리스의 다스칼로스, 덴마크의 마르티누스 같은 신비가들의 이야기나, 레이몬드 무디의 임사 체험, 아니타 무르자니의 《그리고 모든 것이 변했다》 유의 책 속에서나 웅성댈 뿐이다. 사람들 머리는 그렇게 내일에 대한 망각으로 가득한데 그의 풍성한 개방성은 얼마나 통역될 수 있을까.

"전생의 기억은 보통 대부분 사라지죠. 성인이 되면서

일부 기억이 되살아나는 경우도 있어요. 〈예스터데이 칠드런(Yesterday's Children)〉은 실화를 바탕으로 만든 영화인데, 1953년생 여자가 어렸을 때부터 한 번도 가본 적이 없는 아일랜드 거리하고 교회, 가족을 자꾸 그렸다는 거예요. 부모님한테 야단맞으면서. 학교 들어가면서 다 잊어버렸는데 결혼하고 아들이 고등학생 될 무렵에 기억이 생생하게 되살아나 정상 생활이 불가능할 정도였대요. 친정 엄마가 그러지 말고 좀 찾아보자고 해서 아일랜드로 가 성당 세례자 명단도 조사하면서 천신만고 끝에 자기가 전생에 1932년인가, 서른 몇 살에 애들 다섯을 두고 세상을 떠난 메리 서튼이라는 걸 알게 돼요. 죽고 나서 21년 만에 다시 태어난 거죠. 자기 묘에도 가보고. 놀라운 건, 그 사이 노인이 된 자녀 다섯을 만나요. 상당히 드문 경우인데 어린 자녀를 두고 세상을 떠났다는 게 너무 강렬해서 기억을 되살린 것이 아닌가. 인터넷에 사진들 다 나옵니다, 재회하는 장면도 나오고."

인생은 정 없는 은하의 티끌이며 살 없이 굴러가는 수레바퀴인 줄 알았는데, 얼핏 피로 같은 안도감이 든다.

타오르는 영속성의 개념 대신 유한한 삶 속에서 받아들이는 자조적인 정서가 아직은 더 먼저지만. 물론 이성은 추상적인 문제를 논리적으로 해결하거나, 익숙하지 않은 데이터로부터 결론을 이끌어내도록 발달하지 않았다. 그 말이 사실이라고 해도 21년 만의 환생이라니, 어쩐지 주기가 짧게 느껴진다. 600년 뒤라면 모를까.

"모르죠, 왜 그런지는. 헬렌 웜바크라는 집단 최면 심리학자가 700명 넘는 사람들 자료도 조사하고 통계를 내봤는데 최면해 본 결과 환생 주기가 짧게는 4개월, 길게는 200년, 평균 50년이라는 계산이 나왔다는 거죠."

윤회란 교화 목적으로 발명된 불교식 방편 같기만 한데, 가려진 비밀이 공식적인 지식처럼 발음되는 순간의 사회적인 거리낌. 그러나 무엇으로 환생을 확정할 수 있을까? 혹시 잠복된 기억이 문득 촉발되는 건 아닐까? 어쩌면 데자뷔의 오해? 또는 뒤틀린 거짓에 속박된 환영? 아니면 상상력이 곁들여진 한가로운 얘기? 그런데 그의 근거는 방대한 자료와 각기 다른 경험들이 갖는 일관성이었다. 허구라는 수집할 수 없는 데이터의 실험이니까.

하긴 사실이 믿음으로 굳건해지는 확실한 증거는 타인의 진술일 것이다. 성경도 다수의 증언을 채집하고 혼합한 뒤 부동의 필독서가 되었듯이.

그런데 왜 누구는 전생을 기억하고 다른 누구는 그렇지 못한 걸까? 허용된 기억은 왜 그렇게 제한적일까?

"알 수는 없어요. 기억하는 애는 극히 일부이고, 근사 체험도, 살아난 사람의 15 내지 20퍼센트 정도라고 하는데, 누구는 그런 체험을 하고 누구는 못 하는지 대답할 수는 없어요. 그런데 꿈이 대답이 되지 않을까. 누구나 매일 평균 다섯 개 정도의 꿈을 꾼다는데 어떤 날은 꿈이 하나도 생각이 안 나고 어떤 날은 네다섯 개가 생생하게 생각나거든요. 그것에 비유할 수 있지 않을까."

페이스트리처럼 겹겹이 싸인 의식의 지층이 단계도 없이 불쑥 솟아나는 꿈이 전생의 파편이란 말일까? 그냥 잠재의식의 혼란된 반영 아닐까?

꿈은 달구어진 주전자에서 또르르 흘러내리는 물방울 같은 것. 응고시키지 않으면 당장 수증기로 변해버릴 것이다.

그는 이어 의학적으로 설명되지 않는 증상이 어떻게 전생과 결부되는지를 말해주었다.

"어떤 사람이 옆구리가 너무 아픈데 병원 가도 아무 이상이 없다고 해서 최면으로 전생을 봤더니 1차 대전 때 창에 찔려 죽은 프랑스 병사였대요. 그런데 그걸 알고 나면 증상이 좋아진다는 거죠. 두통 때문에 병원에 간 사람이 MRI, CT 다 찍어도 아무것도 안 나오는데 전생을 봤더니 1800년대에 아주 이상이 높았던 미국 검사였는데, 현실과 괴리 때문에 호텔 방에서 권총 자살을 했다는 사례도 있어요. 전생의 기억에 남아서 두통이 심했는데 그걸 아는 순간 통증이 해결된다는 거죠."

우리는 자기 몸에 세월을 문자 그대로 새기고 쌓아 올린다. 육신은 여기까지 오는 길에 얻은 기념품으로 장식되어 있으니까. 그런데 이전 생에 입었던 상처에 해당되는 표식이 그 부위에 나타날 줄은…. 지금의 상흔이 전생의 트라우마로부터 비롯되었다거나 카르마 이론이 그렇게 또렷한 인과관계로 드러나는 거라면, 프로이트야말로 완전히 헛짚은 것 아닌가?

*　*　*

사실 다들 논리적이고 합리적이다. 웬만해선 자기가 영원히 살 거라고 우기지 않는다. 죽음은 개념 용어로나 정의되는 생물학적 사실. 그러나 그것으로 종결이라는 확정적 습속은 영혼이 육체를 떠나 더 나은 세상으로 떠날 거라는 희망을 빼앗고, 즉시 우리 자신을 영원성으로부터 분리시킨다. 인간의 하루는 그렇게 죽음에 사로잡히지 않기 위한 의식이 되었지.

　마음을 포위한 망상에 골몰하다 보면 그 핵심엔 우리가 유한하다는 사실이 버티고 있다. 모든 사람과 모든 짐승, 심지어 풍경까지 죽는다. 그런데 죽는다는 것은 삶의 끝에 누구에게나 일어나는 일이고 언젠가 제 차례가 오리란 걸 알면서도 자기만은 안 죽을 것 같은 얼굴. 적어도 아직은 세월에 항복할 준비가 안 되었다는 결의. 항상 애를 먹는다. 유한함에 대한 감각과, 마음속에서 고개를 드는 반란과, 사회적인 어색함 때문에. 인생은 영성체에 나오는 빵처럼 허무하게 사라질 텐데도 우리에게 내장된 죽음을 수용하는 것의 어려움 때문에.

무엇보다 죽음의 결정적인 공포는 모든 기억이 소멸된다는 데 있을 것이다. 몸이 나인 줄 알았던 동일시와 비동일시, 그 틈새를 잇던 의식이 비워지고, 자국 하나 없는 어둠 속에 영원히 갇히는 절대 공(空)의 상태. 죽음은 환상이고 육신은 흙으로 돌아가지만 인간은 불사의 존재라는 말은 위로를 주지 않는다. 나타날 수도 사라질 수도 없는 불멸성이란 한낱 추상일 뿐.

"육신이 보고 들었던 체험과 기억, 그걸 받쳐주던 모든 게 일시에 소멸된다고 생각하니까 그게 제일 두려운 거죠. 저도 죽음에 대해 공부하기 전에는 죽으면 당연히 끝이라고 여겼어요. 의식은 뇌가 만드는 거니까. 그런데 소크라테스가 사형선고를 받고 그런 얘기를 했어요. '죽음이라는 미지의 세계로 간다는 흥분으로 가슴이 떨린다.' 친구들이 국외 탈출을 권유했지만 다 거부하고 자연스럽게 독배를 마시죠.《모리와 함께한 화요일》에 이런 언급이 나와요. 어떤 파도가 이제 곧 사라지게 돼서 슬프다고 하니까, 옆에 있는 파도가, 그게 아니고 이제

바다가 되는 거란다, 하면서 위로하는 장면이 있어요. 즉, 우리가 죽어도 그 특성과 개성이 유지된다고 보는 거죠."

표면의 잔물결은 여러 형태를 가질 것이다. 죽은 뒤에도 모든 정보가 사라지지 않는다는 생각은 죽음에 뒤따르는 충격을 완화해줄지도 모르겠다. 그런데 그 정보는 우주 어디에 저장될까? 기억이 남는다 해도 그게 나일 수 있을까? 그래서 우주가 홀로그램이라는 학설이 나온 걸까?

"(임종 연구 개척자) 엘리자베스 퀴블러 로스 박사의 강연에서 나온 얘기인데, 어떤 남자가 7월 4일 미국 독립기념일에 가족들을 기다리고 있었는데, 가족들이 타고 오던 차가 유조차하고 충돌해서 다 불에 타 죽은 거예요. 이 남자는 삶의 밑바닥에서 술과 마약을 하다가 고속도로에 뛰어들어 트럭과 부딪혔는데 그 순간 근사 체험을 했다는 거예요. 그런데 가족들이, 우린 여기서 너무 잘 지내고 있으니까 너는 생명을 끝까지 살아야 한다고 얘기했다는 거죠. 영적인 차원에서 보자면, 설령 가족들한테 굉장한 상처를 주고 자살한 영혼조차도 영혼의 세계에서는 '그래, 어서 와라, 그렇게 치유한 다음에 건강하게 태어나라'는 체계가 분명 존재한다는 거죠. 교회에서는 그렇게 얘기 안 하죠. 영원한 지옥 불에 빠진다니까. 제가 걱정하는 건, 자살자의 유가족은 자살 위험이 한 80배에서 200배 가량 높은데, 그들에게 강의할 때 자살하면 안 된다고 강조하면 얼마나 상처를 받겠어요. 그럴 땐 그런 얘기 비중은 줄이고 패자부활전이 있다는 걸 많이 강조했어요. 죽음 뒤에도 패자부활전이 있다는 것이 얼마나 안심되는 정보겠어요?"

그 말은 갈수록 고독해지는 삶에 굳이 매만진 질서일까? 또는 하나의 고려 사항이며 실용적 타협? 우리는 항상 규율, 도덕 같은 나도 잘 모르는 기준으로 짓이겨지는데 다시 태어날 수 있다면 한 번쯤 막살고 싶지 않을까? 자유 의지와 결정론 사이에는 대관절 무엇이 있을까?

"이걸 학교라고 하면, 구구단 외우다가 담벼락 위로 뛰어 나간 학생은 다시 들어와 또 배워야 돼요. 오랜 세월 구구단만 외우고 있으면 얼마나 엄청난 재앙이겠어요. 인수분해도 배우고 미적분도 배우고 이렇게 쭉쭉 올라가야 되는데."

논리의 궤적은 이 망상을 침식시키며 형태를 만들고 있었다. 무엇보다 나를 매료시키는 것은 이 이야기의 철학적 기반이었다. 그러나 우리가 삶의 끝까지 놓고 싶지 않은 것이 내세의 소망과 사랑의 불변성이라면, 누군가의 종말이 매순간 더 사랑하고 삶을 만끽하라는 메시지를 준다면, 굳이 종교 지도자를 불러 죽음의 의미에 관해 설교 들을 필요가 있을까?

"어떤 철학자는 우리가 자기 의사와 무관하게 그 상황에 던져진 존재라고 얘기 하는데, 죽음에 대해 공부하면 우리는 부모의 유전자 조합으로 아무 인연 없이 태어난 게 결코 아니고, 심지어 태어나기 전에 어떤 부모, 어떤 환경에서 자라날 건지 자기가 결정하고 오는 존재라는 거죠. 아니 그럼, 사전에 미리 계획하면 다 재벌 2세의 삶을 살고 싶을 거 아니냐 하겠지만, 그건 우리가 육체를 갖고 물질에 속박돼 있을 때 하는 생각이고, 육신이 없는 사후 세계에서는 다른 거죠. 성장을 가속화시키기 위해 오히려 힘든 삶을 기획한다는 거니까요."

그가 근사 체험을 한 사람들의 특이성에 대해 들려줄 때, 그리고 그 특이성의 목적이 인간의 선함이라는 행로를 향할 때 우리에게 격려되었던 주제들이 낯선 교리로 들리지 않았다.

"케네스 링이라는 미국 코네티컷 대학의 심리학 교수가 은퇴한 뒤에 30년 동안 학생들한테 근사 체험을 강의했어요. 근사 체험을 하지 않았어도 강의를 듣거나 책을 통해 간접경험을 한 사람들은 공통적으로 타인에게 친절하고 배려하는, 직접 체험한 사람들의 삶을 닮아간다는 거죠. 근사 체험은 사랑과 친절을 퍼뜨리는 바이러스 같은 게 아닌가."

어쩐지 모든 단락이 이해될 것만 같았다. 긴박하고도 부드럽게 흐르는 연유(燃油) 같은 어조, 변화 없는 표정이 감춘 장난기, 일본 미중년풍의 고딕적인 얼굴, 그리고 휘파람 부는 소년 같은 자긍심. 뭔가 내 자신, 뷔페에 간 뚱뚱한 아이가 된 느낌이 들었다. 그는 야곱의 사다리를 탔고, 나는 잭의 콩 나무 같은 허구의 다리에 걸쳐진 기분.

이야기는 스스로 하잘것없는 존재라는 자의식에 시달리던 고등학교 시절로 향했다. 노래가 멈추면 음악이 시작되듯이.

"그때 제 고민은, 말도 없고 숫기도 별로 없는데 이런 사람이 앞으로 어떻게 살아갈 것인가, 였어요. 노는 거에는 젬병이고, 그냥 앉아서 공부하는 게 제일 적성에 맞아서 형제들한테도 피해를 주었죠. 왜 그렇게 공부를 하냐, 너 때문에 엄마한테 야단맞았다, 그렇게. 부모가 자식을 비교 안 하면 문제 없을 텐데 꼭 비교를 하니까. 고등학교 졸업한 지 몇십 년이 지났는데 아직도 그런 얘기하는 동창들이 있더라고요. 그렇지만 고등학교 동창들하곤 요즘 별로 소통을 잘 안 해요. 제가 죽음에 대해 알려야겠다는 사명감을 갖고 있어서 그런지 별로 공감대 형성이 안 되더라고요. 싫어하는 거죠. 대학 동창들도 다 의사들인데도 죽음을 외면하고 혐오하고 부정하기 때문에."

우정의 조건은 세월이 아니라 합의. 다른 약속은 없다.

"고등학교 땐 자살 충동도 많아서 한강에 간 적도 있어요. 성적은 웬만한데 설사 대학에 붙는다 해도 하잘 것없는 인간일 뿐이다…. 그러다 생각을 바꿨어요. 자살은 언제든지 할 수 있으니까 일단 급한 것부터 하자. 죽음에 대해 몰입하고 천착하면서 그런 게 거의 없어진 지금, 더 나아가 자살 충동을 가진 사람을 벗어날 수 있게 해주는 일을 하게 된 거죠."

* * *

서울대 문리대에 의대가 있던 동숭동의 1974년, 박정희 물러가라, 유신 철폐하라, 시위대의 함성이 캠퍼스의 벽마다 메아리쳤다. 그리고 그 벽에는 입이 있었다.

"의대에 간 건 제가 어떤 숭고한 이상을 가져서가 아니고, 의사가 되면 위의 눈치 안 보고 살 수 있을 것 같아서였는데, 그 생각이 그렇게 틀린 것 같지는 않아요. 위에 선배들도 많고 했지만 그 사람들 눈치 본 건 없었고, 후배들 하는 일에 개입해서 눈치를 보게 한 일도 없었으니까. 본과 4년 다닐 때의 불만은, 학생도 많고 교수도 많아서 너무 삭막하다는 거였어요. 그땐 매주 토요일까지 일했는데, 소화기 내과는 굉장히 가족적인 분위기라고 하고, 금요일 날 모여서 세미나도 하고 술도 마신다는 게 너무 부러웠어요. 결국 가족적인 분위기를 찾아서 소화기 내과를 간 거죠. 들어가 보니 은사님이 너무 술을 좋아하셔서 예상치 못하게 너무 많이 마셨지만 대체로 틀린 것 같지 않아요. 사실 외과도 생각하고 있었는데, 외부 병원으로 순환 교육 받을 때 저보다 나이 많은 분들한테서 외과 스타일이 아니라는 얘기를 자주 들었던 영향도 있었죠."

그는 과거를 건져 올려 애완하듯 회상하지 않았다. 그리고 내성적이고 말이 없던 사람은 인턴 시절, 잊을 수 없는 환자의 추억을 들려주었다.

"그때 소아과에 열네 살 된 소년이 고열로 입원해 있었는데 증세가 지속되니까 어떤 감염증이나 암 종류나 희귀한 혈액 질환이 아니라 류마티스 질환 중 하나일 거라고 생각했어요. 골수 검사까지 여러 번 했지만 몇 달이 지나도 병명이 안 나왔는데, 제가 인턴으로 소아과 돌 때 마침내 골수 검사에서 거의 고치기 어려운 혈액암 진단이 나온 거죠. 그리고 한 달 반쯤 뒤에 결국 임종을 맡게 됐어요. 걔가 세상을 떠나는 순간, 울음이 복받쳐 올라와서 굉장히 많이 울었어요. 하도 우니까 오히려 걔 누나가 와서 저를 위로를 해주던 기억이 나요."

두려움과 연민은 그가 처음 본 죽음의 얼굴이었을까. 소년의 죽음에 오열하던 인턴은 어차피 논문 하나 더 쓰고 해외 학술지 한 편 더 내서 조금이라도 연구비를 더 따내는 것을 지상 최대 과제로 여긴 적도 없었다. 이윽고 저명한 소화기 내과 전문의의 치세를 누리는 동안 그 자신도 크고 작은 수술을 네 번이나 받았다.

2018년, 퇴임 2년을 앞두고 네 번째, 마지막으로 방광암 수술을 받고 방광을 들어냈다. 방광 자리에는 소장을 20센티미터 잘라 넣었다. 출판사로부터 《우리는 왜 죽음을 두려워할 필요 없는가》 집필 권유를 받았을 땐 이미 침윤성 방광암 진단을 받은 상태였다.

"아버지는 쉰둘에 급성 심근경색으로 돌아가셨어요.

어머니는 24년 뒤 뉴질랜드 관광을 갔다가 대동맥 박리라는 급성 심장 질환으로 돌아가셨어요. 두 분이 똑같이 11월달에, 가슴 통증 나타난 지 사흘 만에 돌아가셨죠. 형님 한 분도 몇 년 전 대동맥 박리로 응급 수술을 받아서 저도 틀림없이 심장 질환으로 갈 줄 알았는데 떡하니 방광암 진단을 받고 의외다 생각했죠. 암 진단 받으면 대부분 그래요. 왜 하필이면 내가? 뭘 잘못했길래? 그런데 불교에서는 굉장히 어려운 난관을 고해라고 해서 거기서 벗어나 해탈하는 목적을 갖지만, 서양 윤회론자들 관점에서는 고통을 오히려 성장의 기회로 본다는 걸 알고 나서는 이게 내가 태어나기 전에 계획한 일일 수 있겠다는 생각이 들었어요. 왜냐하면 제가 건강에도 굉장히 신경을 썼고, 한 20년 이상 혈압 조절하고 콜레스테롤도 낮추고 체중 조절하고, 또 매일 수영을 1킬로미터씩 거의 10년 하고—누적 거리가 한 3500킬로미터 되죠—또 걷기도 했으니까. 그리고 건강 검진도 2년에 한 번씩 받았으니까. 의사가 건강한 상태로 얘기하면 환자들은 속으로 그럴 거예요. 병도 없는 네가 아픈 사람 마음을 알겠냐. 저도 중견 암 환자이기 때문에 암 같은 질병을 앓는 분들하고 오히려 소통이 더 원활해졌다고 볼 수 있죠. 그런데 방광이 없으니까 배뇨 장애 때문에 세 시간 반마다 한 번씩 깹니다. 열 시 반에 자면 새벽 두 시쯤 깼다가 다시 다섯 시 반에 일어나요. 잘못하면 젖으니까."

그리곤 방광이 없어서 방광에 탈이 안 생길 거라고 자구책의 위트를 곁들였다.

* * *

어떤 때는 죽은 육신을 위생적으로 소각하면 모든 게 완전히, 완전무결하게 끝난다는 생각도 든다. 그러나 시대는 몸을 거슬러 슈퍼 휴먼의 시대가 임박했다. 다음 세기엔 유전자 공학, 전자 이식, 신약으로 노화가 사라질거라는 관측, 기억을 칩에 이식해 전자 마을을 떠돌며영생하리라는 의지가 폭발한다. 시신을 냉동시켜 죽음을 밀어두려는 시도는 진작에 획책되었다. 냉동 시신은,

죽음이란 기술적으로 해결될 수 있는 어떤 상태에 불과하다는 은유 같다. 신성한 인간의 의지란 단지 또 하나의 생산물이라는. 그 상태라면 우리는 무엇을 할 수 있을까? 신처럼 행동하려는 상투적 책략은 어떤 결과를 부를까?

"지금 러시아, 미국의 냉동 질소 통에 들어간 시신이 몇 백 구나 되죠. 언젠가 의학이 발달해서 병을 고칠 수 있는 시대가 되면 해동을 해 다시 살겠다는 건데, 그런 기술은, 그건 모르겠어요. 다 죽은 사람을 냉동한 거라서. 아마 안 될 걸로 봅니다. 바람직하지도 않고요."

영원히 살 수 있다는 것은 희망일까, 축복일까? 그러나 지금 살아 있다는 것이야말로 정말로 죽는다는 의미일 것이다. 다들 '언젠가' 죽는다고 생각하지만, 죽는 그 순간은 '지금'이니까. 결국 삶은, 삶이 끝난다는 것을 용납하는 긴 투쟁이라는 생각만 든다.

어쩐지 영원하다는 의미를 알 것만 같다. 영원이라는 것도 죽어야 할 숙명이라면 어쩔 수 없이 무력하다는 것. 오직 시간만이 사람들 머리 위로 흘러간다. 죽지 않는 것은 시간뿐이니까.

"2014년 2월, 300명 넘는 학자들이 미국 애리조나 투산에 모여서 과학이 물질주의에서 벗어나야 한다는 18개 조항에 선언을 했어요. 과학은 어떤 도그마가 아니라서 열린 마음으로 관찰되는 현상을 포용하고 지금 이론으로 설명이 안 되면 새로운 이론을 만들어야 하는데, 지금 너무 물질에 집착하고 있어서 그런 것으로부터 벗어나자는 선언이죠. 뉴턴의 고전 물리학으로 설명이 안 되는 현상부터 1920년대 양자 역학까지 언급했는데, 1년 반 뒤, 2015년 9월에 같은 장소에 모여 의식은 뇌라는 특정한 장소, 특정한 시간에 국한되지 않고 육체가 죽은 후에도 존속된다는 '의식의 비국지성'을 발표했어요. 그 선언의 목적은 우리가 죽을 때 무슨 일이 일어나는지 알고, 말기 환자가 평화롭게 임종을 맞는 데 적용하자는 거죠. 대단히 획기적인 일이에요. 거기에 '영원 불멸의 의식'이나 '사랑하는 가족이 죽음 뒤에 가게 될 여행'이라는 말도 나와요. '영원 불멸'이나 '여행' 같은 말은 과학에서는 거의 안 쓰는데, 과학자들이 종교나 철학에서 쓰는 용어를 썼다는 게 아주 인상 깊었어요."

그는 요즘 매일 네이버 카페에 다섯 편쯤 글을 쓰고, 요청이 있으면 강의도 나가고, 예초기로 마당을 손질하며 지낸다. 시민으로서 그의 하루는 삶을 선택하는 것과 발견하는 것의 차이에 대한 어떤 논의 같다.

"강의 들은 분들이 댓글로 자기가 경험한 임사 체험과 가족이 돌아가실 때 경험한 삶의 종말 체험, 또 돌아가신 후 전해지는 사후 통신 경험들을 꽤 많이 적었더라고요. 여섯 살 때 외할머니가 참외를 주셨는데 그게 상한 참외였는지 식중독으로 거의 몸이 탈진됐을 때 체외 이탈한 체험을 했는데, 그걸 어른들한테 얘기하니까 애가 헛소리한다는 얘기를 듣고 상처 받았다는 내용도 있고. 또 전라북도 무주로 버스 여행을 갔다가 꼬부랑길을 내려오는 버스가 전복됐는데 그때 몸 밖으로 빠져나가 쓰러져 있는 자신을 위에서 내려다봤다는 사람도 있죠."

그의 탈지(脫脂)된 일상은 한국판 근사 체험 데이터 수집도 포함된 셈이었다.

인터뷰의 막간, 그는 2층 서재에서 서랍장 위 칸을 열었다. 색채 없는 빛의 수의 두 벌이 수평으로 가지런히 놓여 있었다. 아래 칸 서랍에는 우연히 둔 여행 가방. 그렇게 먼 곳으로 여행을 떠나는 죽음의 한 세트가 완성되었다.

"동대문 시장, 수의 하는 조그만 가게에서 면으로 지었어요. 평상복으로 하려다가 화학 섬유도 많고 플라스틱 단추가 타면 다이옥신이 나오니까. 마음이 심란할 때 수의를 들여다보면 많이 안정돼요. 물건도 사고 싶은 것도 별로, 별로 없어요. 4년 전엔 빛을 받아 광선 에너지로 저장했다가 동력 에너지로 바꾸는 시계를 샀어요. 수명이 12년에서 15년이라는데, 좀 낮게 보면 앞으로 8년쯤 남았구나. 내 삶의 종착역이 이 정도 남았구나, 그 생각이 위안이 돼요."

어떤 생각을 하건 필멸이라는 관념은 영적 포만감을 주는지도 모르겠다.

그는 올해 예순여섯 살. 스스로 일흔 중반까지 사는 게 적당하다고 토로하지만, 우주 나이 138억 년에 비하면 그야말로 우주의 어린이 아닌가.

"전에 진료실에서 자기가 한 아흔까지 살아야 되니까 암에 안 걸리게 온갖 정밀 검사 다 해달라는 분이 있었어요. 우리 몸에서 암이 안 생기는 데는 딱 세 군데, 머리털하고 손톱, 발톱밖에 없다고 말하면 대단히 실망하죠. 실은 120세까지 살고 싶었다고. 그런데 건강검진 자주 한다고 오래 사는 건 또 아니거든요. 스캇 펙이라는 미국 정신과 의사의 강의 도중에 청중이 물었어요. '우리에게 무슨 은총이 있을까?' 그의 대답은, '죽을 수 있다는 게 은총이다. 이런 쓰레기 같은 세상을 300년, 400년 살아야 한다면 있는 돈 다 털어서라도 죽는 쪽에 투자하겠다' 였어요. 놀이터에 와서 실컷 놀았으면 저녁해 기울기 전에 퇴장을 해줘야 다음 손님들도 들어와서 놀 텐데, 계속 죽치고 있으면 다음 사람이 못 들어와요. 현실로 치면 후손들이 못 태어나는 것과 비슷해요. 보통 공수래공수거라고 하지만 반밖에 안 맞는 게, 아이가 태어날 땐 빈손이 아니라 전생에서 쌓았던 것들을 이번 생에 갖고 오거든요. 갈 때도 살면서 행한 타인에 대한 배려나 사랑, 쌓았던 수양, 다 갖고 가죠."

유리창 밖으로 멀구슬나무가 비에 젖어 반짝반짝 빛나고 있었다. 그리고 비강을 파고드는 누리장나무 냄새. 오후와 저녁 사이의 어디쯤, 그는 캘리포니아 게이셔피크 와인을 꺼냈다. 제일 좋아한다는 카베르네 쇼비뇽. 조금 뒤, 다시 보르도 마고의 지스꾸르를 따랐다. 몇 분 뒤, 아꼈던 2008년 나파 세인트헬레나의 에머스를 땄다. 그는 정말로 전생에 루마니아에서 와인을 빚던 수도사였을까? 어쩌면 마을을 술독에 빠뜨릴 작정인 사악한 화학자?

"제주 생활은 좋은데 와인 애호가가 별로 없어요. 앞집에 있는 분은 담배만 피워요. 저쪽 집에 있는 분은 막걸리만 마시고."

그리곤 마지막으로 작년에 황매실로 담갔던 매실주를 꺼냈다. 정확히 마음에 맞는 이야기 상대를 찾은 아이처럼.

"후배 교수가 제가 암 진단 받았다는 소식을 듣고 알코올이 방광암 발병에 영향을 주는지 전 세계 논문을 다 뒤졌는데 관련 논문을 하나도 발견하지 못했다고 했어요."

그의 유머가 불그스름해졌다. 같이 취하니 비밀스런 동료애가 생기는 것 같았다. 거기에 아무것도 추가할 수 없는 닫힌 전체로서.

"카잔자키스가 그랬죠. '나는 아무것도 바라지 않는다. 나는 아무것도 두렵지 않다. 나는 자유다.' 저도 자주 읊어봐요. 요새 카잔자키스 심정하고 비슷해서."

김포공항에 내리는데 배를 젓듯이 나아갔다 돌아오는 것 같았다. 이 모든 세월이 내 삶에 흘러 들어온 이유는 무엇일까? 가끔 그가 나무 캐비닛에 인두로 새긴 랄프 왈도 에머슨의 말을 떠올렸다. '진정한 성공이란 자기가 태어난 세상을 조금이라도 살기 좋은 곳으로 만들어놓고 떠나는 것.'

며칠 뒤 그는 곶자왈에서 찍은 사진 몇 장을 문자로 보내주었다. 카메라는 20년 인연 제자가 정년 퇴임 선물로 준 라이카 Q. 그는 동백 동산이나 곶자왈을 한 시간 반 걸으며 무심코 지나쳤던 풍경의 뒷마당을 거닐고 있었다.

"2주 전에는 아침에 일어나서 보니까 풀에 햇살이 비쳐서 빛이 든 부분과 안 든 부분이 너무 아름다운 거죠. 곧바로 잠옷 바람으로 카메라 들고 나갔어요. 어물거리면 빛이 2, 3분 만에 금방 지나가니까요."

나뭇잎과 풀과 버섯 위로 오린 듯 동그란 햇빛이 비치고 있었다. 자세히 보니 빛의 입자들이 죽음의 두께를 뚫고 들어가 기억의 양지 속에서 한데 엉켜 있었다. 아니 광휘로 춤추고 있었다.

최초의 이름

강경화

"저는 한순간도 헛되게 지나가는 건 없는 것 같아요. 나태하면 나태한 대로, 어려우면 어려운 대로 다 나의 인생에 남는다고 생각합니다. 그래서 저는 나이 드는 거에 대해서는 한 번도 두려워해본 적이 없어요."

인터뷰 전날, 그는 중학교 1학년 때부터 반세기 이상 우정을 나눈 채 백신을 다 맞은 친구들과 와인을 마셨다. 오랜만에 회포를 풀었더니 피로가 조금 풀린 듯 더 피곤한 것 같다는 소량의 위트도 곁들였다. 겨우 와인 한두 잔의 회포란, 도망갈 곳도 숨 쉴 공간도 없이 중력에 매달린 시간의 은유인지도 몰랐다.

"저는요, 그런 친구들이 여섯 명 있습니다. 다 커리어를 가졌다가 대부분 은퇴했죠. 제가 제네바에 있을 때 놀러 오기도 하고 그랬는데 지금은 다들 바빠서 자주 못 보죠. 그래도 친구를, 그것도 그룹으로 가진 건 내가 원해서가 아니라 서로 잘해서 그렇게 된 거예요. 비슷비슷해요, 우리."

공적인 사람은 사적으로 웃었다.

"와인 좋아하는 편입니다. 제가 제네바에서 6년 살았는데, 거기는 다 일상적으로 물 마시듯이 마시니까 습관이 든 것 같아요. 저는 그렇게 입맛이 까다로운 사람은 아니에요. 웬만하면 다 잘 마시는데요, 요새는 나이가 들다 보니까 마실 수 있는 양은 한두 잔 정도로 줄었어요."

사람들은, 우정은 변치 않으며 사랑과 다르게 순애보라고 여기지만 속성은 사랑과 똑같다. 잠깐 방심하면 금방 달아나니까. 우정이든 사랑이든 제일 중요한 가치는 지구력이니까.

이화여대 국제교육관 1008호. 호젓하고 검박한 방에 오린 듯한 표준 발음이 울렸다. 다시 긴장감이 비치는 정적. 비스듬한 빛의 줄기는 책상을 거울의 사각 테두리처럼 만들었다. 그리고 익히 알려진 모랫빛과 은색이 섞인 머리카락, 오른쪽으로 가르마를 탄 쇼트커트. 가끔

무테안경 너머로 뚫는 듯한 눈빛이 파고들 때 남색 슈트와 스탠드칼라의 아이보리색 블라우스는 정중한 매력 외에 다른 것도 보여주었다. 옷은 몸이라는 닫힌 형태를 덮는 동적 개념. 그가 있는 지점에 대한 날카로운 집중을 드러내고 있었다.

*　*　*

2017년 6월, 그가 외교부 장관으로 등장했을 때, 여성이 내각 구성원의 일부로 매우 중요한 지도자의 자리에 올랐다는 사실은 거의 급작스러운 문학적 관심을 불러일으켰다. 여전히 편협한 이데올로기 구분과, 남성성에 특권을 들이붓는 호르몬과, 여자를 겨눈 행동학적 차별 속에서 남성 본위의 어두컴컴한 계단을 오른 방식에는 뒤따를 모형이 없었다. 그리고 휩쓸어버린 문화적 계급 이슈, 개인의 영역과 젠더 사이의 방정식, 딱히 본 적이 없는 글로벌 매너.

2020년 2월, 3년 8개월간의 가동이 만료된 후 그는 다른 행적을 밟았다. 자기 충족감으로 용해되거나 비슷한 중량감의 안전한 공직을 맡는 대신, 국제노동기구(ILO)의 차기 사무총장 선거에 입후보했다는 기별은 즐거운 호기심을 주었다.

ILO는 1차 대전 직후 유엔보다 먼저 설립되었다가 1919년, 유엔 최초이자 최고 전문기구로 통합되었다. 노동이 포괄하는 범위가 국내 문제에서부터 국가 간 압력과 통상, 환경 범위로 커진 지금, 그는 역사가 탄탄한 국제기구에 폭동을 일으킬 만한 영향력을 장착했을까? 포스트 코로나 시대의 ILO 사무총장은 미래의 전범(典範)을 만들 대화 촉진자가 되어야 할 텐데 조직 안에 가해지는 압력을 어떻게 중재할 것인가? 대립적인 세계의 다수성 사이로 관념적인 사안들을 꿰뚫고 어젠다를 지배할 수 있을까? 그 전문성의 범위는 어디까지일까? 회의론자를 만족시키기에 충분할까? 자신을 중심부에 놓고 세상을 허물었다가 쌓았다 하는 것만으로는 불여의할 것이다.

그의 답변은 유엔 인권최고대표사무소 부대표로 재직

하면서 인권과 인도주의 지원을 맡았던 레퍼런스를 포함하고 있었다.

"인권하고 노동권의 철학적인 기반은 같아요. 그건 현안 하나하나에 대한 깊이 있는 지식 못지않게 중요합니다. 저로서는 굉장히 자연스러운 결정이었어요. 저는 국제기구에 우리나라 인사들이 눈에 띄지 않는 것이 늘 아쉬웠어요. 지난해 11월, 인터폴 김종양 총재가 퇴임하시면서 현재 국제기구에 진출한 대한민국 리더는 국제해사기구(IMO)의 임기택 총장님이 유일합니다. 그분도 2023년이면 그만두시고요. 그럼 국제기구 수장은 물론이고 부수장 자리에조차 한 명도 없는 상황입니다. 제가 외교부 장관 퇴임 뒤에 쉬고 있는데 ILO 내부로부터 출마 제안을 받았어요. 6년간 제네바에서 인권 업무를 할 때 ILO와 여러 현안으로 협의를 많이 했거든요."

그건 신뢰할 만한 경험 과학으로 들렸다. 한편, 유엔에서 일했던 사람의 출마 자체가 아이러니라는 축도 있었다. 그러나 아이러니는 대답이 아니다. 그의 행위에는 아이러니가 허락되지 않기 때문에.

국제기구에서 자국의 영향력을 확대한다는 목표는 모든 나라가 같을 것이다. 이사국들이 표를 행사할 때는 또 다른 계산이 있겠지만, ILO 출범 이후 미국과 유럽의 백인 남성이 독식했던 사무총장의 내력 속에서 그가 후보 다섯 명 가운데 유일한 아시아인이며 여성이라는 사실은 개인적 영역과 인종적 역경을 오가는 방정식이나 핑크빛 수정주의를 의미하지 않는다.

"ILO는 내부의 3자 대화에 많은 어려움에 봉착한 것 같아요. ILO 커뮤니티의 자기중심적인 생각도 원인이고, 28개 정부의 인사들도 지역별 나라별로 입장이 달라서 하나로 뭘 어떻게 할지에 대해 답이 없어요. 과연 그걸 원하는지도 모르겠어요."

완전 고용과 산업 현장에서의 존엄성을 적시했던 1944년의 ILO 헌장 이후 세계는 어디쯤 와 있을까? 사고(思考)의 중심에 노동이라는 영양은 얼마나 공급되었을까? 그는 ILO 헌장을 상속한 언어로 말했다. 꼭 필라델피아 선언이 있던 그날 그 자리에 있었던 것처럼.

"필라델피아 선언의 기본 철학은 분명합니다. 생산 과

정에 있어 사람은 재료가 아니다. 노동을 제공하는 권리를 주어야 하고, 현장에서의 존엄성이 보장되어야 한다. 근데 노동자들의 완전한 권리 보장은 아직 멀었죠. 아프리카나 라틴아메리카에는 제도권에 잡히지 않는 비공식 일이 60, 70퍼센트래요. 우리도 플랫폼 노동자, 특수 형태의 고용 부분을 계속 담아낼 수 있도록 프레임을 점점 늘려나가야 된다고 생각합니다."

위험천만한 사회 변혁 기간에 노동의 숭고함이란 인류의 핵심과 재연결되는 가치이자 현재에 대한 가장 날카로운 묘사일 것이다. 왜냐하면 노동은 우리가 어디서 왔는지 기억하게 하는 기념물인 동시에 우리가 어디로 가고 있는지에 대한 설명이니까. 한편 노동은 사회학적 문제로든 문화적 경향으로든 계층을 둘러싼 근대의 혼란을 반영한다. 그러나 어떤 계급은 강렬하게 존재하고 있으되 특정한 형태를 띠지 않는다. 한국의 노동 환경 또한 ILO에 자랑할 입장이 아니다. 고등학생이 실습 나가 목숨을 잃거나 청년들이 산재로 희생되는 일이 너무 잦으니까.

"우리가 선진이라고 얘기하기에는 거리가 멀죠. 노동 현장에서 사고와 질병을 얻는 사람들도 1년에 2000명이 넘습니다. 중대 재해 처벌법도 이제 시행에 들어가는데 준비가 만만치 않고요. 한국의 노동 현장은 문제가 많죠. 어떻게 보면 다른 나라 노동 문제의 백과사전 같아요. 그러나 우리의 경험과 교훈과 성공과 실패는 다른 나라의 참고가 될 거라고 생각합니다."

* * *

국제사회의 모범적 중견국가의 전 외교부 장관으로서 그는 떳떳이 할 말이 많았다. 코로나의 본질을 둘러싼 글로벌 환란 속에서 정부의 대응을 설명한 2020년의 BBC 인터뷰는, 진짜 토론 실력은 어려운 주제일 때 드러난다는 것을 유감없이 가르쳐주었다. 스탠더드 영어로 구사하는 논리의 간명함과 팩트의 간결함, 언어를 이끌어가는 순간의 담담한 기품은 영국인들의 마음에 인상적인 자국을 남겼다. 그가 영국 수상이 됐으면 좋겠다는 코멘트까지 추가될 만큼.

그 사이 잘 다져진 불확실성의 징표로서 네 번째 코로나는 한층 기세등등, 변이된 세상을 먹어치우고 있었다.

"지금 오미크론 때문에 다시 긴장하는 상황이지만 백신 접종률이 많이 높아졌죠. 우리가 코로나 위기 초반에 굉장히 잘 대응했잖아요. 전반적으로, 모범적으로 잘 관리하고 있는 상황입니다."

지금 바이러스 재확산 상황이 심화되어 재차 거리 두기 중인데 공중 보건 관리가 긍정적이라고?

"유럽에서는 전면 록 다운으로 가는 나라도 있지 않습니까. 다른 나라하고 비교하면 우리는 한 번도 전면 록 다운을 안 했잖아요. 부분적으로 제한하는 기조는 계속 가고 있고요. 2020년, 다른 나라에서 우리랑 화상회의를 하자, 도와달라, 공항 방역을 어떻게 하고 있는지 노하우 좀 전수해달라, 그런 주문이 굉장히 많았습니다. 그래서 그 나라를 위해 당국하고 외교부하고 화상회의를 몇 시간씩 한 적도 있고요. 당국은 당국대로 공항 방역 잘해주셨으니까 외교부가 나서서 나라를 자랑한 것은 참 신나는 일이었죠."

1970년이 오기 전에 달에 가야 했던 국가들처럼 누구나 처음을 원한다. 그는 최초라는 낱말이 하나의 레이블이 된 사람. 그러나 그의 '처음'에는 보다 현실적인 정의가 있었다. 무엇보다 한국 최초의 유엔 고위직 여성이라는 수식은 그의 연대기를 비범하게 만들었다.

"2011년, 시리아 내전 터졌을 때 저는 인권 담당을 맡고 있었고, 내전이 10년 넘게 계속되면서 2013년에 유엔으로 자리를 옮겼을 때는 국경 주변 난민들을 인도적으로 지원하는 업무를 맡았어요. 남수단 내전이 끝난 평화 시기에 남수단에 갔는데, 아직 특정 지역을 점령중인 군부대 옆에 난민들이 살고 있었어요. 총칼 든 부대 옆에 사는 사람들의 두려움은 엄청나거든요. 그때 그 마을에서 가장 연장자인 할머니께서 유엔에서 고위직이 왔다고 하니까 쭉 줄을 서 있다가 나무토막 같은 손으로 악수를 하시더니 '어서 오십시오. 댁네 아이들은 건강하게 잘 자라고 있습니까?' 하고 물어보시더라고요. 그렇게 어려운 상황에서도 예의를 갖춰서 손님을 맞는 걸 보고 깜짝 놀랐어요. 사람의 존엄성은 이렇게 불이 안 꺼지는 거구나. 그 교훈이 저는 제일 컸어요. 그러다 뉴욕이나 제네바 본부에 돌아오면 뭐라 그럴까, 괴리감이 있었어요. 나는 이렇게 풍요롭고 안전한 데서 일하고 있다는 감사를 넘어서 한동안 정신적으로 좀 흔들려요. 똑같은 존엄성을 갖고 태어났지만 지금 현장에선 그렇지 못한 것에 대한 유대감이라고밖에 저는 설명이 안 되네요."

그는 선언문을 제출하듯 말하지 않았다. 문득 낮아진 톤에 아픈 듯한 감정이 압축돼 있었다.

당시 구테흐스 유엔 사무총장은 그를 '목소리 없는 자들의 목소리'로 묘사했다. 그러나 유엔이 아무리 세계 평화의 수호신인 듯 보여도 1945년 이후 계속 몸집을 불려온 관료 조직인 한 충돌이 없을 리 없다.

"근데 저는 그걸 어렵다고 생각하지 않았어요. 다른 관료 조직이랑 다르게 구성원들의 국적이며 문화적인 배경, 사고방식이 다른 사람들과 일하는 게 훨씬 어렵지만, 다양성을 소중한 경험이라고 생각하면 즐겁죠. 저는 그렇게 생각했습니다."

유엔은 재능 있는 사람들에게 둘러싸인 채 일하는 즐거움을 은유하는지도 몰랐다.

"예컨대 제가 OSHR(시리아인권관측소)에 있을 때 제 보좌관은 몽골 여성, 주니어 보좌관은 프랑스 남성, 제 앞에 있는 스케줄 오피서는 멕시코 여성, 그 여성을 도와주는 보조원은 모로코 여성. 서로 문화 코드가 다르니까 오해도 많이 생기고 자칫하면 불신으로 가고 그렇잖아요. 의미 없는 것에 의미를 읽는 것처럼 위험한 게 없어요. 상대는 아무 뜻 없이 얘기했는데 거기에 의미 부여를 해서 내가 아시아인이라서 우습게 보나, 나를 무시해서 지시를 안 받나, 의심하기 시작하면 피해의식이 생기고, 피해의식이 불신을 낳으면 유엔에서는 정말 일하기 힘듭니다. 조직 관리자로서는 그런 것을 뛰어넘어야 되죠."

공동 어젠다를 만들고 새 규범을 만드는 기구로서 냉전 직후 유엔의 존재감은 절정이었으나, 언제부턴가 낡은 영광에 매달리는 종이호랑이가 되었다는 말도 왕왕 들린다. 심지어 바그다드 유엔 본부가 과격분자들로부터 테러를 당한 일도 있었다.

"냉전으로 동서가 갈린 와중에 유엔이 제대로 힘을 발휘하지 못했지만, 냉전의 장막이 걷히면서 모든 국제사회 논의가 유엔, 특히 유엔 안보리로 왔습니다. 클린턴 정부가 다자주의를 지지하고 리드할 때가 유엔의 힘이 최고조였어요. 근데 부시 정부는 이라크가 WMD(대량살상무기)를 많이 갖고 있다고 침공하지 않았습니까? 나중에 보니까 아니었지만. 미국의 신뢰가 그때 많이 손상됐고요. 미국의 힘이 빠지면서 미국-러시아, 미국-중국의 경쟁 관계 속에서 유엔 체제의 핵심 안보리가 제대로 작동을 못하고 있어요. 안보리는 15개국이지만 상임이사국 다섯 나라 중 하나가 비토하면 나머지 190개 회원국이 다 찬성하더라도 안 돼요. 안보리를 개혁해야 한다는 논의는 수십 년 되었지만 안 되는 이유는 안보리가 동의하지 않아서거든요. 비토를 가진 나라들은 그걸 놓기가 싫죠."

테러리즘도 그렇고 팬데믹도 그렇고, 국제 사회의 국경을 넘나드는 다자 기구가 해결해야 할 이슈는 나날이 늘어나는데 유엔 시스템은 수십 년 간 도무지 꿈쩍하지 않고 한계는 나날이 쌓이는 중이다. 고관대작들이 모여

한가한 이야기나 한다는 식이랄까.

"근본 개혁으로 들어가면 안보리의 정책 결정이 바뀌어야 되거든요. 그래도 바이든 정부 들어와서 전에 탈퇴했던 WHO(세계보건기구)에 다시 가입해 다자 기구에 힘을 실어주고 있습니다. WHO에서도 어떻게 다음 팬데믹을 대비할지 논의도 많이 하고요. 다만 백신 관련해서 굉장히 아쉬운 건, 언젠가 백신이 개발되면 세계가 공평하게 나눠 갖자, 재원이 있는 나라는 백신을 사고, 없는 나라에 대해서는 국제사회가 지원하자는 목표를 갖고 일찌감치 토백스(코로나 백신의 전 지구적 배분을 위한 협력 네트워크)가 만들어졌는데 다 흐지부지돼버렸어요."

그의 어휘 체계며 단어 용례는 기존 관료들과 아주 달랐다. 말은 동시에 그 사람이며, 언어란 상향식 전파 과정을 가진 가장 민주적인 힘일진대 그들에겐 타이밍과 기회주의, 완전한 치외법권을 의미할 뿐이다. 그 과시적 천박함과 압제적인 투, 소화하기 힘든 편협함, 바닥이 무엇인지 보여주는 무치함의 희비극, 붉게 번들거리는 얼굴만 대하다 이런 엄격한 우아함이란 차라리 생경해 보였다.

말을 잘한다는 것이 말을 늘어놓는다는 이야기일 리 없다. 삼복날 얼음물 마시듯 인터벌 없이 주제로 돌진하는 민첩함이라면 입만 터는 애국주의에 기꺼이 맞설 것이다.

"제가 유엔 안보리에서 영어로 보고할 때 굉장히 논리적이라는 이야기를 들었어요. 인권 일 할 때도 마찬가지고. 당시 유엔 고위직의 큰 업무는 회원국들에게 설명 세션을 많이 갖는 거거든요. 인도 지원 업무 할 때는 특히 안보리가 시리아의 인도적 지원 관련해서 관심을 가지면서, 한 달에 한 번씩 안보리에 보고서를 가지고 가서 저희 부서장과 구두 브리핑을 늘 나눠서 했어요. 안보리에 설명을 하고 안보리 회원국들의 질의에 정확히 답을 한다는 건 굉장히 힘든 일입니다. 공개 회의에서 준비된 발언을 마친 다음 비공개에서는 서로 생각이 다른 회원국들의 질문에 그야말로 정확하게 답을 해야 되거든요. 소말리아, 시리아, 나중에 예멘에 대해서도. 그걸 1년 넘게 하면서 기술이라면 기술이랄까, 많이 훈련이 된 것 같아요. 저는 사람의 두뇌 활동 중 정점이 글쓰기라고 생각합니다. 글쓰기는 기본적으로 사고를 논리적으로 담아내야 되잖아요. 제가 매사추세츠 주립대 대학원에서 학위 밟을 때 그 부분을 지도 교수께서 굉장히 강조하셨어요. 솔직히 그땐 한국 가면 한국말로 강의 할 건데 영어로 글 쓰는 게 뭐가 필요할까, 하는 소극적인 생각도 했지만, 그 시기가 평생의 자산이 되었습니다."

* * *

어떤 자리는 당사자에게 감정적, 세속적 측면을 강조하는 추가된 외피이기도 하다. 자기 현혹을 위한 과시적 아이템이랄까. 그러나 주변부 인물로 머문 적이 없는 채 지리적 문화적 제한과 상관없는 파죽지세 커리어는 여성 르네상스 자체를 대표했다. 원하건 원하지 않건 청년들의 새 표지가 되었으되 그는 엄숙한 어투로 자기가 어느 세계에 속했는지 강조하지 않았다. 스스로를 고취하지 않았고 도취되지도 않았다.

　"저는 최초의 여성이 되고 싶어 했던 적이 없습니다. 그냥 저한테 기회들이 왔을 뿐이고, 이제는 그런 수식어가 필요 없는 세대가 빨리 왔으면 좋겠습니다."

기나긴 남성 관료 체제의 중심을 뒤흔드는 시작. 그야말로 다윈의 경쟁적 생존법.

"아뇨, 저도 차별 많이 당했습니다. 호랑이 담배 피우던 시절이지만, 미국에서 학사학위를 받았을 땐 당연히 학교에 자리 잡을 줄 알고 한국 왔는데, 제 모교에 가면 여성이라고 안 써주고, 여자 대학교에 가면 타교생을 쓸 바에야 남성을 쓰지 왜 여성을 쓰냐, 이런 반응이었어요. 그래서 보따리 장사를 몇 년 하다가 정말 우연히 국회에 자리를 잡게 됐습니다."

그게 대단위의 유능함이 아니라 우연히라고?

"김재순 국회의장님 시절인데, 돌아가셨죠. 그때 방문하는 외부인들이 많았는데, 누가 저보고 국회의장 영어 통역을 할 사람을 구한다고, 지원해보라고 했어요. 그때 저는 학교에 자리도 안 나고 그래서, 몇 년간은 일이 있을 때만 촉탁으로 통역해드리다가 제대로 비서관 자리를 잡고 의장님을 네 분 모셨습니다. 그래도 언젠가 학교로 간다는 막연한 생각을 갖고 있었는데 마침 세종대

학교 영어영문학과에서 자리를 주셨어요. 근데 1년 동안 영어를 가르치다 보니 제 전공이 커뮤니케이션이라서 안 맞더라고요. 처음에는 우리 영어 교육상 문법을 엄청 파고드는 학생들 질문에 답을 못하겠더라고요. 제가 고등학교 이후엔 문법을 체계적으로 공부한 바가 없었는데, 그때 문법을 확실하게 갖추게 되니까 유엔에서 영어 연설문도 쓰고 그랬죠. 어떤 문장이 왜 틀렸는지가 설명이 되니까."

그는 인터뷰 내내 필기를 했다. 무엇을 적는 걸까? 개인적인 훈련일까, 유연한 외부 감각일까? 학습된 탁월함일까, 행정 경험의 열매일까? 고요한 실내에 유난스러울 것 없는 객관성이 스며들 때 그 옷깃에 달린 사랑의열매 배지가 새삼 반짝거렸다. 곧이어 나라와 나라의 틈새에서 통역하던 추억이 이어졌다.

"김대중 대통령님은 사고가 아주 논리적이세요. 언어적인 특성은 있지만 문장과 문장, 문단과 문단이 굉장히 논리적으로 이어지세요. 그래서 순서대로 통역만 해드리면 돼요. 그런 분이 굉장히 드물죠. 취임 시기에 IMF

위기와 대북 포용 정책, 두 가지를 정상외교의 어젠다로 추진하시는데, 다른 나라 정상들은 물론이고 IMF 총재, 월드뱅크 총재, 국제기구 수장들, GM 회장 이런 분들이 다들 대통령 말씀에 감탄을 해요. 문재인 대통령님도 비슷하세요. 두 분 다 굉장히 생각을 많이 하고 정리하신 다음 외빈들에게 말씀하시기 때문에 어떻게 보면 편한 통역 대상이죠. 그걸 옆에서 듣고 영어로 옮겨드리는 위치에 있었으니 저에게도 엄청난 배움의 시기였죠. 그러고 나서 굉장히 많은 노력 끝에 국회에서 외교부로 자리를 옮겼어요. 외교부는 꼭 하고 싶어서 야망을 갖고 돌진했던 자리였어요. 운이 좋은 것은 분명 있었고요. 외교부 장관은, 저는 전혀 기대를 안 했는데 기회가 온 거였어요. 저를 불러 주시리라고는 상상도 못했습니다."

그는 세계사 페이지 하단을 떠도는 덧없는 각주로서가 아니라, 말 그대로 심전계가 날뛰는 격랑의 중심부에 있었다. 세 차례 남북정상회담과 싱가포르, 하노이에서 열린 남북미 정상의 회동에서는 한국 정부의 대표이자 공식 수행원인 채 몸소 전장의 창과 방패가 되었다. 세계가 서로 먹고 먹히는 순간에 입회한다면 한심한 심장으로는 당장 졸도할 것 같건만. 이렇게 세상의 모서리에만 서 있다는 자의식으로는 역사적 전체로 확장된 세계에 속한다는 기분이 무엇인지 종생토록 헤아릴 수 없을 것이다.

"제가 외교부 장관으로서 가장 많은 시간과 노력을 투자했던 게 '한반도 평화 프로세스'죠. 그런데 2017년 7월 상황을 봤을 때, 물론 2019년 2월 하노이 북미 정상회담이 합의를 도출 못한 이후로 계속 교착 상태지만, 2017년 중반의 상황을 비교하면 지금 훨씬 안정된 상황이죠. 그리고 하나, 지금까지 지켜지는 '남북 군사 합의서'로 인해 휴전선 근처의 긴장은 확실하게 관리되고 있잖아요. 그 합의가 없었고, 휴전선의 우발적이거나 의도된 사고로 긴장이 고조되었다면 지금보다 훨씬 더 어려운 상황이었을 겁니다. 비핵화 평화 정착에 있어서는 구체적으로 나아가야 할 부분이 많지만, 분단의 안정적 관리라는 면에 있어서는 큰 평가가 있어야 될 걸로 생각합니다."

그러나 아무리 비핵화와 평화 정착, 두 축이 운반하

는 '한반도 평화 프로세스'에 골몰해도 종전 선언은 들
릴 듯 말 듯 여전히 가물가물한데 그 모든 애타는 마음
이 무슨 소용이란 말인가? 인생은 그냥 누가 한 일을 타
인이 바라보는 방식으로만 의미를 얻을 뿐인데.

*   *   *

말할 것도 없이 정치판보다 극단적인 곳은 없다. 어떤
의미론 세계 3차 대전이나 보이 그룹 멤버의 이름보다
더 관심거리다. 그러나 대부분의 공적 담론은 사람들의
실제 삶과 무관하다. 무엇이 세상을 가치 있게 만드는가
에 대한 도덕적 결여는 시대의 저주가 되었으니까. 나는
1995년, 북경 세계 여성 대회에 참석해 위안부 문제를
외쳤던 일에 대해 좀 더 듣고 싶었다. 죽도록 자기 중심
적인 정치 판에서 자신에 대한 몰두를 타인에 대한 헌신
으로 바꾸는 것은 아주 다른 얘기이기 때문에.

　"그때 여성단체 협의회, 여학사 협회들이, 정부 간 회
의가 아니고, 북경 NGO 포럼을 간 거죠. 여성계 리더 몇

분이 개별적으로 가지 말고 힘을 하나로 모아서 가자, 그래서 한국 여성 NGO 위원회를 만들고 저한테 대변인을 맡겼어요. 사전 협의 때 위안부 문제를 키 이슈로 띄워보자고 합의했습니다. 저는 그 이슈를 널리 알리도록 NGO 포럼 현장에서 매일 영문 보도 자료 형태로 정리해서 뿌렸어요. 1990년대만 해도 여성으로 살면서 차별이며 좌절도 많이 느끼던 시대였는데 유엔 회의에 참석해보니까 내 문제에서 끝나지 않는 문제를 크게 다루고 있었어요. 그때 큰 깨우침을 얻었습니다."

그날들이 그 사람 언어 속으로 흘러들어왔다. 매너는 학습되는 거지만, 품위는 타고나는 부분이 있으며 그 자체로 중요하다는 것을 일러주면서.

한편, 길고 두터운 호흡으로 밀고 가던 세월에는 영원히 응고된 찰나도 있었다.

"2018년, 평양에서 정상 회담 마치고 백두산에 다 올랐는데 그날따라 날씨가 기적처럼―그렇게 좋은 날씨는 굉장히 드물답니다―구름 한 점 없는 파란 하늘이었어요. 백두산 천지를 배경으로 양쪽 대표단이, 대통령하고

위원장은 물론이고 좇아온 기자들, 청와대 직원들 다, 소풍 나온 아이들처럼 서로 격의 없이 사진 찍어주고 농담도 하고, 그랬어요. 가끔 그게 어떻게 가능했을까 하는 생각을 해요. 정말 특별한 순간이었어요."

희망은 정치적 발언의 핵심이어야 한다. 희망이 없다는 것은 할 말도 없다는 얘기니까. 그의 마음에는 모호함이 없어 보였다. 아니면 삶의 오류들을 그 자신의 일부로 받아들이거나. 정말이지 궁금했다. 외교부 장관 임명장을 받은 첫날과 퇴임하는 날은 얼마나 닮았을까. 그리고 어떻게 달랐을까.

"달라진 점은 없다고 생각합니다, 힘들고 지치는 면이 있었습니다만. 제가 외국 생활을 오래 하다가 들어오면서 청문회라는 어려운 관문을 통해 시작했지만, 그럼에도 불구하고 국내 상황에 그렇게 감이 없었어요. 그래서 직원들한테 늘 그랬어요. 눈치 없는 나를 큰 실수 안 하게 옆에서 잘 보좌해줘서 고맙다. 언론을 대할 때나, 국회 현안 질의를 할 때마다 직원들이 많이 도와줬죠. 질의응답을 잘 못해서 많은 비난을 받은 경험도 있고, 또

제 개인사로 인한 건, 제가 고민해서 대응한 부분도 있지만, 직원들이 준비해줄 수 없는 거잖아요. 퇴임할 때 많은 경륜이 쌓인 상황에서는 다르겠지만, 정부 각료로서의 초심은 크게 변한 게 없었던 것 같아요."

그는 같은 시간대를 살았으나 같은 시간의 경계를 넘지 않았다. 그러나 여성이라는 용어 속에 고정된 형태의 불균형, 여자를 열외시키는 도덕적 과실, 그들을 겨눈 행동학적 차별은 크게 달라지지 않았다. 오히려 페미니즘 카테고리로부터 원을 그리며 멀어진 기분도 든다. 1959년에 등장한 이후 바비 인형은 이후 500번이나 다시 만들어졌고, 미국에서조차 매들린 올브라이트가 최초의 여성 국무장관 선서를 한 건 1997년이었다. 글쎄, 세상이라는 광기의 인큐베이터 속에서 그 사람이라고 회의가 없었을까?

"저 힘든 세월 많이 겪었습니다. 이제는 법 제도 면에서, 평등 관련해서 웬만큼 갖췄다고 생각하는지 인식은 아직도 갈 길이 멀죠. 제가 외교부 장관으로 있는 동안, 같은 값이면 중요한 자리에 여성들을 많이 등용했습니다. 근데 제가 퇴임하는 날, 퇴임식도 못하고 그냥 쭉 돌면서 계단에서 간부들하고 사진 찍고 차 타고 나왔는데, 나중에 보니까 제 뒤에 다 남자였어요."

대한제국 단발령 반대 구호가 100년 뒤에 들리는 이 기분은 무엇일까.

"외교 장관이라는 자리가 그 사람을, 뭐라 그러나요, 포디움 위에 올려놓잖아요. 저의 운인지 저의 운명인지, 국제 사회에서 가진 프로필이 우리나라 외교가 필요로 하는 역할과 잘 맞았던 것 같아요. 제가 아무리 기량을 가졌어도 그 자리하고 맞지 않으면 그럴 수 없잖아요. 그런 면에서, 정말 빈말이 아니고요, 제게 주어진 모든 것에 감사하게 생각해요."

* * *

그 사이 나이는 새로운 여권이 되었다. 그러나 콤플렉스가 뭐냐고 물었을 때 그의 학술적인 정확함은 또다시 그의 윤곽을 만들었다.

"콤플렉스요? 심리적인 복잡함. 콤플렉스라는 게 열등감도 있고 여러 복잡함이라는 뜻도 있잖아요? 제가 젊었을 때는 저의 외모라든가 성격에 대해 고민도 많이 했어요. 근데 지금 나이에서는—영어로는 멜로우 아웃이라 그러죠—내 각진 부분이 조금 둔화되었다고 생각합니다. 지금 특별히 느끼는 결핍은 없는데, 젊었을 때 제가 너무 무심한 게 아닌가. 저희 어머님께선 남편한테 서운함이 많으셨어요. 아버님이 다른 사람에게 너무 무심하고 관심이 없다고 그러셨죠. 그 무심함을 제가 닮은 것 같아요. 그렇지만 인도 지원, 구호 현장에서는 다릅니다. 특히 나와 다른 사람에 대한 호기심."

가장 행복했던 순간은 언제였을까? 어디에서였을까? 어쩌면 아주 긴 질문에 대답하는 이 순간일까? 그는 잠깐 망설였다.

"글쎄요, 저는 글쎄요…. 아이들 어렸을 때, 여름 휴가를 내서 같이 속초 해변에서 놀 때…."

처음 본 것 같은 멜랑콜리였다. 나는 재차 물었다.

"지혜로운 이들은 삶의 모든 것은 이대로 완전하다

고 말합니다. 그럼에도 불구하고 가장 후회하는 일은 뭔가요?"

그는 말없이 상체를 숙였다.

"제가 일을 하느라 그랬는지, 무심해서 그랬는지, 아이들이 자라나는 과정에 좀 더 적극적으로 같이 못 했던 것, 시간을 충분히 못 준 것, 그런 면이 아쉽고 늘 미안한 구석이 있어요. 제가 아이들한테 100퍼센트 헌신한 엄마는 분명 아니지만, 100퍼센트 시간을 준 경험도 아이들한테 썩 좋은 건 아니라는 결론을 내렸어요. 단적인 예지만 막내를 한자 학원에 보냈거든요. 그럼 당시에는 똘똘 잘 외워오지만 한참 지나면 다 까먹어요. 굉장히 가기 싫어하는 상황에서 배우는 한자가 무슨 소용일까. 그게 엄마의 만족이지 애들한테는 별로 도움이 안 되더라고요. 우리 아이들은 어렸을 때부터 혼자 버스 타고 많이 돌아다녔어요. 저는 집이라는 게 세상으로부터 우리를 보호하는 보호소라고 생각하지 않았어요. 피곤하면 집에 와서 쉬고 다시 세상과 더 많이 교류하길 바랐어요. 그리고 우리 아이들은 다 건강한 성인으로 자라

줬어요."

너무나 고전적인 동시에 모던한 사람은 마음속의 경구를 들려주었다.

"'인생은 아름답고 역사는 발전한다'라고 하신 김대중 대통령 말씀이 마음에 남고요. 제 삶의 모토는 '정직은 가장 좋은 방책'이라는 말입니다.

그의 다음 개척지는 어디일까? 세이렌 소리는 어디까지 증폭될까? 어쩌면 답이 정해진 질문이며 후렴구가 분명한 진군가였다.

"저는 어떻게 보면, 남녀공학에서 소수 여성으로서 남성들이 원하는 여성상으로 자란 것 같아요. 그렇지만 의식적이든 무의식적이든 사회에 나와 더 적극적이고 진취적인 리더십을 발휘하는 여성분들을 많이 봤어요. 제가 이대에 자리를 잡은 건 여성의 리더십을 키우는 자리에서 한 역할을 맡고 싶어서였어요. 그것 말고는 특별히 일에 대해 욕심내는 건 없습니다."

좁아지지 않는 미간 옆으로 다감한 눈초리. 그리고 올이 살아 있는, 언제나 자기 것 그대로인 머리칼. 저런 머리카락은 세월의 풍상이 아니라 덕망 있는 삶 안에서만 가질 수 있는 거겠지?

"저는 한순간도 헛되게 지나가는 건 없는 것 같아요. 나태하면 나태한 대로, 어려우면 어려운 대로 다 나의 인생에 남는다고 생각합니다. 그래서 저는 나이 드는 거에 대해서는 한 번도 두려워해본 적이 없어요."

이때 옆에 앉은 서기관이 타종하듯 말했다. "인터뷰 시간 10분 남았습니다." 무정한 목소리가 나를 가격하자 지루함도 없는 서사 속으로 빨려 들어갔다가 출구를 못 찾은 기분이 들었다. 긴 시간을 이야기했지만 오븐 불빛이 깜빡이는 것 같은 찰나로만 느껴졌다. 시간의 시작과 끝이 종이처럼 맞닿아 사라진 걸까. 나는 "안 돼요!" 하고 외쳤고, 20분이 새로 주어졌다. 나는 시간을 최대치로 늘리며, 야망의 중심에 웅크린 외로움에 대해 물었다.

"그렇지만 어떻게 살아도 매일 슬픔이 있고 고뇌가 있잖아요. 어떤 영광도 곧 흐려지고, 기쁨은 괴로움으로 채워지니까요. 이렇게 분투하는 세상에서 허무함을 느낄 때는 없나요? 과로한 뒤 헝겊처럼 침대에 누우면 모든 것이 부질없게 느껴질 때."

"허무함…."

그는 턱을 괴었다.

"글쎄요…."

그는 턱을 괸 채 시선을 아래로 내렸다.

"있죠, 있죠, 있죠. 특히 뭘 성취하고 난 다음에는 더 그래요. 뭘 성취하고 나면 기분이 업될 것 같은데요. 오히려 그냥 허전해지는 그런 순간들이 있어요."

무엇인가를 이룬 뒤에 찾아오는 공허를 나도 좀 느껴봤으면. 그러나 그건, 개인의 능력이란 불평등하게 분배되었다는 사실을 증명하는 사람만이 점유한 감각. 어쩌면 사람은 계속 존재하기 위해 스스로를 법제화해선 안 되며, 스스로를 유지하기 위해 계속 변화해야 한다는 이야기 같았다.

"저는, 저는 사랑을 굉장히 많이 받은 사람인 것 같아요. 가족, 친구, 동지, 동료, 선배 사랑을 과분하게 많이 받은 사람인 것 같아요."

사랑을 많이 받은 사람은 알아챌 수밖에 없다. 초조가

덜어진 눈에 평화가 어른거리니까.

헤어지기 전, 그는 제일 좋아하는 사진이라면서 선반 위에서 액자를 들어 보였다. 드라마틱하게 퍼붓는 눈보라 속에서 늠름하게 선 그 사람 주위로 외투를 입은 남자들이 호위하듯 그를 둘러싸고 있었다. 그의 입꼬리가 자족한 듯 넓어졌다.

"2017년 12월, 공관장 회의 때 대사들과 함께 현충원에서 참배를 했는데 갑자기 눈이 왔어요. 그래서 제가 그 사람들을 다 이끌고…."

이야기는 말줄임표로 끝났다. 순수한 현재의 찰나, 그의 이야기는 그 자신의 것. 그것이야말로 눈이 오나 비가 오나 남자들을 이끄는 강경화의 선포식.

계절의 묵직한 빛 속에서 후추처럼 톡 쏘는 겨울바람이 텅 빈 캠퍼스에 칼날의 금을 긋고 있었다. 시민 정치를 숭상하는 한 세대가 또 다른 세대를 낳았으니, 시간은 과거의 불꽃을 되찾아 다음 세대의 불빛으로 순환하고 있었다.

백자의 마음

진태옥

"외롭죠. 눈물이 나도록 외롭죠. 그걸 표현할 수 있는 무슨 형용사가 있을까? 그런데 나는 그 외로움을 사랑해요."

8월의 오후 세 시. 전면이 유리인 창은 실내 곳곳에 햇빛을 통과시키거나 튕겨내고 있었다. 고양이가 다리 사이를 조용히 드나드는 것 같은 풍경. 그는 작은 정원을 배경으로 다리를 꼬고 앉아 있었다. 오버사이즈 화이트 셔츠에 검정 와이드 팬츠로 프레임된 감각. 특징적인 무심함으로 분리와 결합의 공식을 보여주는 제복은 진태옥의 두 번째 피부였다.

디자이너의 비밀은 아주 큰 표면이 있다는 것이다. 그 표면을 걷으면 스팽글과 털실이 엉킨 옷장이 보일까? 이세이 미야케가 스티브 잡스를 위해 만들어준 10년 치

터틀 넥이나 〈아메리칸 사이코〉, 크리스천 베일의 옷장처럼 똑같은 옷이 아코디언 건반처럼 좌르륵 걸려 있을까?

"흰 셔츠를 입으면 마음이 편안해져요. 흰 셔츠와 가장 매칭이 잘 되는 것이 블랙이고. 집에는 셔츠밖에 없어요. 셔츠만 이렇게 다려서 넣는 종이 있잖아요. 종이를 적재해놓는 것 같은 장에 그냥 화이트 셔츠만 좌악…. 어느 기자가 인터뷰하러 와서 장을 보더니 셔츠에 맞춰서 장을 짰느냐고 물어요. 그래서 그냥 기성품 파는 게 있길래 이렇게 하면 좋겠다 해서 놓은 거라고 했어요. 집에 옷방은 따로 없고 셔츠만 많아요."

목소리에서 가랑잎의 바스락 소리가 났다. 약품 처리를 한 것 같은 강박적인 냄새 대신 무 같은 담백함을 풍기면서.

옷을 만든 지 세어서 57년. 한국 패션의 보통 명사이자 일종의 주석이며 사실의 기록과 같은 디자이너는 피로한 육신의 지시를 따르지도 않고, 모든 종류의 일 수용체로 꽉 차 있었다. 그날도 아침 열 시에 출근을 했다.

사계절 내내 벌어지는 일이었다.

"출근해서 소재만 보면 나도 모르게 그냥 앉아서 디자인하고 있어요. 차 한 잔 딱 마시고 테이블에 가서 종일 디자인해요. 내 주변에 항상 소재가 있잖아요. 광목이든 버려지는 걸레든 집었다 하면 무심코 디자인하는 거예요. 어떤 땐 어머, 나도 놀랄 때가 있어요. 걸레를 만지더라도 그 소재가 나하고 대화를 해요. 걔가 나, 쇼츠 얘기 하고 싶어, 이러는 거 같아요. 좋든 나쁘든 소재가 나한테 하고 싶은 얘기가 있는 거예요. 그게 나의 원천이에요."

그것이야 말로 옷감이 어떻게 제 역할을 해야 하는지에 대한 즐거운 숙고 아닌가.

청담동 진태옥 부티크 3층, 그의 성격 같은 조붓한 공간에는 비밀을 숨길 덮개도 각각의 이야기를 나눌 칸막이도 없었다. 그래서 아무것도 남겨놓을 수도 없고 약점을 가릴 수도 없다.

"여기는 아무것도 없어요. 놓을 게 아무것도 없어."

그러나 아무것도 없는 미니멀이 오히려 더 비싼 것을.

예전에는 누가 미니멀리즘을 좋아한다면 세루티를, 여성적인 라인을 원한다면 엠마누엘 웅가로를 보라고 했다. 그러나 그 전에 진태옥에게 들렀다면 쉽게 꺼내지 못할 소리였다.

  "소재부터 디자인까지, A부터 Z까지 오로지 내가 다 커버해요. 피팅도 내가 해요. 거울 앞에 서서 디자인을 내 몸에 맞춰요. 그래서 열심히 운동하는 거예요. 배 나오면 안 되니까. 이번에 코로나 때문에 집하고 사무실, 집하고 사무실, 이러다 보니까 운동 부족. 매일 운동 한다고 하는데도 헬스장에서 하는 거랑은 달라요. 수영을 못하니까. 전에는 한 번에 1000미터를 수영했어요. 여든 중반 넘어서는 500미터. 너무 재밌어요. 물 안에만 들어가면 너무 너무 너무 평화로워요. 수경 쓰고 물에 입수해서 발로 탁 차고서는 쫙 나가는 거예요."

  일 중심으로 삶을 맞추지 않고 삶 위주로 일을 조정해 온 세월. 패션 비즈니스는 확실히 퍼즐과 독단, 모호함과 확실함의 콘테스트 같다. 그러나 함께 있는 내내 모호함은 한숨, 확실함은 목숨이라는 생각이 들었다.

글렌 글로스를 닮은 영화적 무드, 상대의 눈을 직시하며 말하는 정직, 염색으로 감추지 않은 엽차 빛 머리카락, 나이키의 창처럼 귀 밑으로 휘어 들어오는 단발머리, 그리고 코코넛색 주근깨가 만드는 톰 보이 얼굴.

* * *

패션에 몸담은 이들에게 진태옥은 하나의 단체와 같다. 앙드레 김과 함께 한국 1세대 패션 디자이너, 오래된 것과 요즘 것의 코드를 전복하는 한국식 미니멀, 펑키한 도발과 해학적인 실험. 그 위에 최초라는 낱말은 그의 경험을 약칭한다. 파리의 골문을 뚫고 프레타 프르테에 진출하고, 파리 같은 주요 도시에 브랜드를 운영한다는 개념 자체가 유토피아적인 꿈일 때 버그도프 굿맨 백화점과 루브르 박물관 지하에 매장을 열고, 영국발 '20세기 패션인 500인'에 명단을 올리고, 서울 올림픽 유니폼을 디자인하고, 서울 패션협회(S.F.A.)의 시작이 되고….

공식적인 성공부터 비공식적인 성공에 이르기까지 그

는 늘 자신을 입증해왔다. 유럽 내 브랜드 입지와 손실 사이에 간격이 벌어져 견인력을 잃은 IMF 때조차.

"내가 1989년부터 아무것도 없는 불모지 파리에 가서 한국 깃발을 들었을 때 다들 한국이 어디 있나? 그랬어요. 너희들이 전통이 있어? 패션이 있어? 그런데 첫 번째 쇼를 했는데 바이어들 순위에 내가 54위, 겐조가 59위였어요. 나는 파리도 별거 아니네? 그랬어요. 그때, 어떤 기자가 질문을 했어요. 진태옥, 너는 누구야? 그 찰나, 나는 백자라고 말했어요. 나는 달 항아리야. 백자야."

항아리가 보여주는 것은 항아리 자체가 아니라 그 안에 감싸인 공간인 것을.

"그 당시, 한국에서 5000원이면 살 수 있는 면 소재 탱크 탑을 150불에 팔았어요. 벌써 30년도 지난 그때 150불이면 대단한 거죠. 지금으로 치면 한 100만 원? 배짱 좋게 150불 붙여놓고 아, 이게 비즈니스라는 거구나, 마케팅이란 이런 거구나, 그때 알았어요."

한편, 그는 아이돌이 되고 싶은 소년들이 춤과 랩과 노래로 필생의 에너지를 쥐어짜는 오디션 프로그램 〈라우드(LOUD)〉와 〈슈퍼 밴드〉가 요즘 관심사라고 말했다.

"너무 잘하잖아요. 거기에 미쳐 있잖아요. 목숨 걸고 피 말리는 경쟁을 하잖아요. 그 긴장감이 무슨 전자파가 움직이는 것처럼 나한테 도전을 줘요. 내가 정말 쟤들같이 죽을힘을 다해서 열심히 했나? 너무 허세 부리지 않았나? 매스컴이 진태옥을 만들어준 거 아닐까? 엉터리인 나를? 그런 생각하면서 다시 치료받는 느낌이에요. 그 무대는 인생하고 똑같아요. 무대에서 어차피 뽑혀야 되는 거잖아요. 그런데 어떤 때는 걔들 실력보다 못한 크리틱도 있어요. 그런데 살면서 때로 그런 경우도 있잖아요. 나는 걔들 다 잘한다고 인정을 했어요. 탈락되는 것까지 자기가 소화해야 그걸로 인해 더 도전할 수 있는 거죠. 전에 티에리 에르메스가 그런 얘기를 했어요. '잘하는 것보다 더 위에 있어야 된다. 최고로 잘하는 것에 머무르면 안 된다'."

그는 매번 반 토막 난 구식 방식과 철 지난 유행을 타고 넘었다. 시류에 주의를 기울이고 일을 밀어 붙일 때마다 템포를 가하면서. 그리곤 마른 몸으로 도시와 옷에 관한 노트를 쓰는 것이다.

"난 BTS나 블랙핑크한테도 굉장히 관심이 많아요. 그들로 인해서 지구의 젊은 애들이 다 한국에 오고 싶어 하고 한국어를 배우니까. 패션도, 그전에는 유럽이 패션의 발상지였으나, 아시아에서는 서울이 성지가 될 가능성이 있어요. 내가 서울시에 가서 막 열변을 토했어요. 패션도 스타 디자이너를 만들어야 한다. BTS로 인해 한국이 성지가 된 것과 마찬가지로 한국 패션도 스타가 나와야 세계적이 될 수 있다. 스타를 배출하려면 투자를 많이 해야 한다. 홍보 아니면 안 된다. 근데 아직도 스타는 안 나왔어요. 우리 시대에는 다섯 시간, 여섯 시간 울면서 얘기 해도 반응도 없고 이해도 못 했는데, 지금 시의 정책을 맡은 분은 무슨 말씀인지 알겠다고 했어요. 그 알겠다는 말을 듣기까지 30년 기다린 거예요. 그걸 알아주기까지 30년 세월이 걸린 거예요. 저는 거기까지만 해도 진일보가 아니라 진백보를 한 거라고 생각해요."

그러나 스스로를 개선하는 데 쓰이는 에너지는 도시

의 진정한 필요에서 올 것이다.

이렇게 침중한 시절, 어쩔 수 없는 상태와 우울증과의 관련성은 조금 역설적이다. 충격을 완화할 방법을 다급히 만들어내지 못한 이들은 가치 소비에서 돌파구를 찾는다. 그러나 요즘처럼 음울한 때에 옷을 입는 것만큼 양가감정을 주는 일도 없다. '이렇게 침울한데 무슨 예쁜 걸 찾아?' 하는 죄의식이 밀봉돼 있으니까. 그런데 그는 이를테면 재고 의류를 새 아이템으로 재생하는 업 사이클링이며, 제3세계에 버려지는 패스트 패션 문제에 대해서도 생각이 많았다. 사적인 감흥을 공적인 감각으로 바꾸고, 지구를 공공 복지라는 구상으로 바라보듯이.

"요즘 친환경 다큐를 보는데 내가 이걸 어떻게 해야 하나, 그런 생각이 들 정도였어요. 방글라데시의 모든 하천이 옷으로 다 뒤덮여 있는데 물이 다 썩은 거예요. 안 팔린 것들은 전부 거기로 가나 봐요. 무슨 H&M이며 자라 박스가 그냥 썩고 있는데, 이게 뭐야 도대체. 그 쓰레기가 거기 애들 옷이야. 애들이 그 옷을 주워 입으니까 그게 너무 가슴 아팠어요."

진태옥

문제는 소위 제3세계에 대한 거대기업들의 지배력과 그들이 우기는 타당성으로부터 출발한다. 거짓 판타지의 컬렉션이랄까?

"나도 저런 광경에 일정 부분 잘못이 있지 않나. 나는 어떻게 해야 되나. 이제 지구를 살리는 운동을 해야 되나. 나는 그 전부터도 재고를 많이 내지 않는 방향으로 비즈니스를 했지만, 그래도 그게 아니더라고요."

사회 일원으로서의 행동은 개인뿐 아니라 미래의 형태와 현재의 안위에도 중요하니까.

* * *

그는 1936년 함경남도 원산에서 났다. 그 시기는 인구통계학의 어디쯤 속할까? 우리나라 근대사에 어떤 참고가 될까? 사실 그의 정확한 나이를 몰랐다. 때로는 나이를 가늠할 수 없는 사람도 있으니까.

"그냥 출생신고가 잘못됐다고 생각을 하세요. 병원에서도 나를 보고 혹시 숫자 뒷자리가 거꾸로 바뀌지 않았느냐, 그러는데 좋게 얘기한다고 립서비스 했겠죠. 여러 분들은 그렇게 얘기할지언정 진실로 받아들이고 싶어서 '아마 그렇게 됐을 겁니다', 저는 그렇게 반응을 해요. 나도 어디 가서 나이 먹은 사람이야, 이런 체 안 해요. 젊은 디자이너들하고 얘기를 하면, 이건 우스운 얘기지만 난 쟤들보다 정신연령이 좀 모자라지 않나, 그런 생각을 가질 때가 있어요."

소위 격변기를 통과한 이의 사색과 낙차는 그런 것일까. 나이와 성장의 불균형은 천진한 디자이너에게 하나의 영역인지도 몰랐다. 그러나 사회적 바람이 어느 쪽으로 부는지에 따라 삶이 결정되던 시절, 그는 스스로 추진체가 되었다.

"어머니는 가을이면 명주 두루마기 안을 비취색으로 받쳐 입으셨어요. 파마 안 한 머리에 쪽을 쪄서 은비녀 딱 꽂으시고, 하얀 고무신에 명주 머플러를 한번 접어서 다니셨어요."

어머니의 특권 같은 재능은 그의 미래가 되어 현재를 끌어당기고 있었다. 그는 그리운 손가락으로 셔츠 소매를 자주 만지작거렸다.

"어머니는 원산 마르다윌슨 여자 신학교에서 공부하셨는데 나를 영웅으로 키우고 싶어 하셨어요. 딸이 하나인 데다 학교 전체 회장이고 다들 똑똑하다 그러니까 완전히 나를 숭배하셨어요. 그런데 결혼을 했더니 시집살이가 너무 심했어요. 남편은 전통적인 가정의 장남인데 나는 존재감도 없이 세 끼 밥해야 하고 빨래해야 하고, 내가 이렇게 살아도 될까? 그래서 합법적으로 탈출할 수 있는 방법을 연구했어요. 내가 학교 다닐 때 모양을 좀 냈거든요. 아, 내가 좋아하는 옷을 만들자. 그래서 아이 돌 지나서 패션을 배웠어요."

가부장 풍속에 따라 꿈을 날려버릴 순 없었다. 명동의 양장점 쇼윈도에 걸린 옷들을 스케치하고 양장점에서 맞춘 옷을 고스란히 뜯어 패턴을 그리던 여성은, 아이를 낳은 스물여덟 살에 국제복장학원에 등록하고, 다시 '이종천패션연구소'에서 수업을 받았다.

"그때 선생님이 그랬어요. '스커트 하나 잘하면 디자인을 잘 할 수 있다'고. 아이템이 아니라 정신을 얘기한 거예요. 그때는 그게 무슨 이야기인지 몰랐어요. 한 30년 지나니까 이해가 되는 거예요. 전 우리 회사에서 디자이너들 입사 테스트 할 때 다른 거 안 시켜요. 어떤 사람은 스커트. 어떤 사람은 셔츠. 어떤 사람은 원피스. 기본 라인만 하라고 해요. 그거 보면 아, 이 사람이 어느 정도 가능성이 있는지 알 수 있죠. 젊을 때는 디자인을 더 해야 디자인한 걸로 착각해요. 그렇지만 저는 늘 이야기해요. 바느질하는 사람은 바느질 앞에, 패턴 하는 사람은 패턴 앞에, 단추 하는 사람은 단추 앞에 정직해라. 스티치 하나까지 그냥 넘어가지 마라. 이렇게까지 해도 손님들이 알아줄까, 그런 건 생각하지 마. 정성을 들인 만큼 옷 입는 사람은 벌써 느낀다. 내가 60년을 뒤돌아보니까 기본을 하기가 그렇게 힘들어요. 기본이 그렇게 어려울 수가 없어요."

'기본'이라는 부드러운 힘. 그것이 지지하는 하나의 선언. 그리고 키위처럼 까슬까슬하면서 새침한 목소리. 누군가는 허무한 언어와 얼렁뚱땅 논리로 옷을 찍어내는 시절에 핵심, 단순함, 양식에 대한 확신은 고전의 순도를 유지하는 방식이기도 하다. 그리고 그는 자신이 만드는 모든 것에 타고난 관능을 부여했다. 그것은 하나의 재발명. 헬무트 랭의 검정 부츠가 지적인 갱스터를 만들 듯 진태옥의 화이트 셔츠는 남자들에게 턱시도가 그런 것처럼 여자들의 환한 배경이 되었다.

"난 사실 컬러에 대한 욕심이 많아요. 이 컬러는 이래서 좋고, 저 컬러는 스윗해서 좋고, 어떤 건 열정적이어서 좋고. 그런데 자꾸 절제하다 보니까 내가 걸어온 길의 종착역이 블랙 앤 화이트가 된 거예요. 그걸 뭐라고 설명할 수가 없어요. 지금도 나는 컬러를 보면 막 흥분해요. 이것도 저것도 다 쓰고 싶어요. 겨자의 샛노란 형광색 같은 스파이시 컬러 있잖아요. 먹으면 신물이 나는 색깔을 남에겐 못해줘도 때로 나한테 하나 만들어줘요. 이름도 쇼킹 핑크 셔츠를 베이지 색 바지하고 입으면 기분이 그냥 좋아져요. 내 안에 컬러고 디자인이고 욕심이 너무 많은데, 그걸 다 덜어내고 나니까 이제는 컬러든 패브릭이든 모든 것에 너무 너무 자유로워졌어요. 이 색을 택해도 마음이 편하고, 저 색을 택해도 마음이 편해요. 그런데 요전에 강화도에 갔을 때 짙은 회색이랑 브라운이 섞인 갯벌을 보고 어머나, 이런 색이 지구에 있어? 저 색으로 어떤 디자인 없이 뭔가 만들면 얼마나 멋있을까….”

디자이너의 작은 모순으로서 무엇을 보태지 않는다는 것, 돌아갈 본래 자리가 여백이라는 것. 여성복의 만국기 같은 알록달록함이나 부르주아 주부의 섹스 어필이 그의 의도일 리 없다. 이미 알고 있었다. 진태옥의 검정과 흰색 사이에는 수천의 명암과 농담이 있다는 것을. 그리고 그 사이로 백만 개의 색채가 밀려나온다는 것을.

* * *

창업자가 건재한 브랜드에서 새것을 도모하기란 무척 어려운 일이다. 쌍방향의 의사 결정이 막힐 수 있으니까. 그렇지만 아르마니에게는 혼자서 패션 비즈니스의 바탕이 되는 독창성과 미감을 컨트롤 하는 수학적인 머리가 있는 걸. 참고할 텍스트가 기하급수적으로 확장되는 지금이라면 알고리즘 따라 패션의 매트릭스에 다다를 것이다.

"우리 시대는《보그》나《GQ》같은 잡지 아니면 세계 패션의 흐름을 몰랐죠. 이제 완전히 패러다임이 바뀌었어요. 전에는 디자이너 혼자 할 수 있었는데 이젠 아니에요. 꼭 잡지사 같아요. 패션에 예술이라는 단어를 심기 위해서는 잡지처럼 영상 디자이너, 그래픽 디자이너가 붙어야 돼요. 나는 이 시대에 나의 결대로 가려고 해요. 요즘 젊은 디자이너들은 너무 너무 잘하고 있어요. 세계가 완전히 다르잖아요. 얼마나 정보가 많아요. 패션 디자이너의 작업은 트렌드를 쫓아다니는 거잖아요. 어느 결에 붙어 있어도 격차라기보다 다름은 존재해요. 다름을 어떻게 받아들이고 어떻게 받아들이냐에 따라 자기가 가는 방향을 정할 수 있으니까요. 그런데 젊은 사람들 옷 만드는 걸 보면 옷의 성격을 모르겠어요. 실루엣은 심플한데 사고가 좀 복잡한가 봐. 프린트든 뭐든 뭔가 하나 더 붙이려고 해요. 그리고 아직은 분위기로 옷의 성격을 이끄는데, 어떻게 보면 그것도 마케팅이라고 할 수 있죠. 공간이 또 하나의 판타지를 줄 수 있으니까. 그런 데 가서 티셔츠라도 하나 골라 입으면 그 공감각, 그 공기를 입고 이미지를 입는 시대가 됐기 때문에. 밤낮 고민해요. 패션이란 독창적이면서도 편안해야 된다고. 그 몇 개 요소를, 결국 예술이라는 단어를 소비자한테 심는 작업이 필요해요. 요즘 한국에는 젠틀몬스터 친구들이 그렇게 잘 하고 있잖아요."

인생은 토너먼트. 마운드에 오를 때마다 향상되어야 할 피드백이 주어진다.

"1965년, 이화여대 앞에 낸 가게는 요만했어요. 가운데에 동그란 등 하나 달고 공간의 느낌을 파생시켰어요. 벽을 울퉁불퉁하게 하려고 목수 불러서 목장갑으로 전부 버무렸어요. 벽에 옷감 넣는 장을 짰는데 돈이 없어서 원단 일곱 개 사서 부피감 있게 감았어요. 2월 7일날 오픈했는데 주문이 그날로 끝났어요. 공간은 아주 중요해요. 누가 그 공간에서 어떤 태도를 보이는가."

우리는 왜 옷을 입을까? 추위를 막기 위해서? 벗는 즐거움을 알고 싶어서? 컷과 장면, 덮는 것과 걷어내는 것,

해체와 혼합, 가득함과 공허함의 경계는 무엇과 닮았을까? 그는 옷 입기에 대해 단 한 번 전문적인 충고를 해주었다.

"디자이너는 제시만 해요. 입는 사람이 마침표를 찍는 거예요. 옷을 입으면 자기 모습이 그것으로부터 나와야 해요. 그 옷이 내가 된 것처럼. 사실 하찮은 것으로 즐기는 게 최고 사치예요. 대마로 만든 셔츠를 다려서 아침에 입을 때 다 끝나는 거죠. 그 당시 그 손님들은 아직도 오세요. 나이 들어 거의 70대 중반 됐는데도 손주까지 데리고 와요."

그 후 명동에 낸 프랑소와즈 매장은 1900년대 초, 런던 해러즈 백화점 세일 때 입이 떡 벌어지는 부자들이 한 데서 기다리고 있다가 문이 열리자 와르르 달려간 이야기 못지않은 폭발력이 있었다.

"나는요, 감각이 너무 좋은 손님들이 내 옷을 입고 있으면 너무 행복해. 어쩌면 내 옷을 저렇게 잘 표현해주실까. 얼마 전에 30년 만에 도진 이석증 때문에 서울 대학병원에서 번호표를 받는데, 민화가 프린트된 튜닉 블라우스가 지나가는 거예요. 파리에서 한국 민화를 프린트했었거든요. 막 뛰어가서 내가 이 옷 디자인한 사람이라 그러니까, 이거 산 지 오래됐는데요, 그러길래 아마 30년 됐을 거예요, 그랬더니 맞아요, 맞아요, 그러는 거예요. 나는 이렇게 오래 입어주셔서 감사합니다, 몇 번이나 절을 했어요. 에피소드 또 있어요. 1970년도엔 한국에서 여자한테 여권을 안 내줬어요. 그때 외무부의 아는 분한테 부탁을 해가지고 여권을 받았는데 3개월짜리밖에 안 줘요. 그 3개월을 죽어라 유럽 돌아다니는 거예요. 그땐 2월이었는데, 그랜드 호텔과 구스타프 궁 사이 커다란 강으로 빙산이 둥둥둥둥 떠내려오는 게 너무 신비스러웠어요. 사람이 참 묘하죠. 아주 못 된 거지. 한국 여자는 아무도 못 나오는데 나만 왔다는 게. 그때 뮤지엄에서 어떤 동양 여자가, 내가 얇은 모직으로 만든 검정 트렌치코트를 입고 르네상스 명화 '핑크 레이디'하고 '블루 보이'를 보고 있는데 눈물 날 정도로 반가웠어요. 그 사람도 놀래지, 무슨 이북 사람인가 하고. 스웨덴에 음악 공부하러 왔대요. 자기가 만든 옷은 자식 같아서 여러 사람 있는 데서도 찾아요. 그게 너무 신기해."

유행병 계절이 연장될수록 다층적 세상은 벌거숭이가 되었다. 왕성한 트렌드로 예쁜 것들을 이야기하던 세월과는 완전히 딴판. 이때 그는 온라인 브랜드 JTO를 만들어 검색 엔진이 만든 무한대의 유통망을 누빈다. 다른 경향과 새 정보의 관련성으로 소비자 취향을 추적하면서.

"나 같은 사람이 온라인 비즈니스 한다는 게 참 난센스지. 그러나 세상이 바뀌었잖아요. 그 안의 세계가 오프라인보다 더 복잡하고 더 다양하고, 필드가 무한대더라고. 어떻게 정조준해서 가야 할지 두 시즌을 탐색했어요. 제일 많이 팔리는 건 티셔츠, 그 다음에 집업 후드티. 아직도 갈 길이 멀지만 요번 F/W에 본격 가동을 할 생각이에요."

결국 나이 든다는 것은 무엇일까? 퇴적 아니면 산화? 존재감과 삶 사이를 경계 없이 오가는 것? 결국 적응 속도에 따라 방향이 뒤틀릴 것이다. 그는 뭔가 해야 한다는 강요, 이미 겪은 것에 대한 초조로 시간을 마모시키

224

지 않았다. 어느 순간에도 찬란한 옛날을 곱씹으며 회한이 흩뿌려진 앞마당을 쓸지 않았다. 미래는 그의 현재가 되어 지금을 지배하니까. 시간이 갈수록 색은 윤택해지고 감각은 불이 붙는다.

그는 최근 도모하는 일에 대해선 말해주지 않았다. "아직 발표할 때가 안 됐는데." 그리고 비밀이 많은 여학생처럼 웃었다. "하여튼 기획 중인 건 있어요. 그냥 단편적인 게 아니라 롱런해야 되지 않을까. 숨을 거두는 날까지 작업을 해야 되지 않을까."

꿈을 이야기하는 그 입술은 포부로 부풀고, 얼굴은 또 다른 빛으로 반짝거렸다. 비밀일 것. 비밀로 남겨둔 것. 그가 아주 부자로 느껴졌다. 그리고 더 좋아졌다. 최후가 아니라 최고를 이야기하니까.

* * *

그는 여든여섯 살. 속도를 줄일 줄 모르는 사람은 사무실 작은 정원으로 안내했다. 거기는 꼭 패션의 환상이

들어갈 장소 같았다.

　이파리가 떠다니는 돌확에 나무 그림자가 어른거리고, 습한 바람이 수령 30년 된 느티나무 가지를 흔들어 댔다. 길 저편으로 무성한 플라타너스 잎새가 무상해 보일 때 어쩐지 계절이 지나간다는 게 믿어지지 않았다.

　"내가 주변에 늘 그래요. 나 같이 행복한 사람이 없어. 오늘도 정원에 참새가 세 마리 들어 온 거예요. 매일 세 마리가 와서 돌확에 목욕을 하고 물을 먹고 가는데, 두 마리는 새끼고, 한 마리가 엄마예요. 근데 어디서 큰 놈이 날아 오면 중간에 딱 서서 못 오게 하는 거예요. 엄마가 먹을 걸 가지러 어디 날아갔다가 오면서 쩩 소리를 내면, 애들도 같이 뛰어서 저 나뭇가지에 앉고는 셋이서 막 조잘조잘 대는 거예요. 내가 느끼는 스토리를 누가 만들 수 있을까? 나는 순간순간을 그렇게 살아요. 뭐든지 스토리를 만들어서라도, 일부러라도 나는 행복해야 된다…."

　그는 쫑긋한 입술로 행복을 심호흡했다. 사는 동안 계속 감탄하는 방법이 내내 점화되고 있었다.

226

"후회하는 일도 많아요. 연애 못해본 것도 후회. 결혼한 것도 후회. 수조에 비가 떨어지는 아침에 붕어 밥을 주면 입을 딱 벌리고 쫓아와요. 간밤에 잘 잤어? 붕어하고 얘기하니까 사랑이지. 참새하고 얘기하니까 사랑이지. 인간을 대상으로 하는 사랑은, 이젠 운명적으로 만나지 않으면 어떻게 오겠어요?"

사랑은 어쩌면 누구도 깊이있게 다루지 못한 주제 같다. 그러나 사랑의 이야기는 끝나지 않는다. 그의 젊음은 바닥이 안 보이기 때문에.

"가장 불행한 사람은 사랑을 모르는 사람. 사랑받는 사람보다 사랑하는 사람이 행복해요. 나는 불행하다는 감정을 느껴보지 못했어요. 그런데 또 풍요 속에 외로움이 있죠. 그걸 다 채우지는 못하죠. 외로울 때는 어디 안 나가요. 아무 연락도 안 와서 그 감정이 사그라질 때야 움직이죠. 어디로 혼자 휙 떠나거나. 그런데 나는 사랑을 해본 것 같지 않아. 나는 외동딸로 자라서 그런지 그렇게 목숨 걸고 사랑한 것 같지 않아요. 텔레비전 보면 왜, 노부부가 손잡고 가는 거, 그게 그렇게 부러워요.

외롭죠. 눈물이 나도록 외롭죠. 그걸 표현할 수 있는 무슨 형용사가 있을까? 그런데 나는 그 외로움을 사랑해요. 지극히 사랑해요…. 내가 별 이상한 것까지 얘기 다 하네. 아무것도 할 얘기가 없는 줄 알았는데 이렇게 얘기하니까 주체할 수 없이 막 나와."

할 말이 없다던 사람은 쌓아둔 이야기가 많았다. 도시의 세에라자드는 고개를 저었다.

"그렇지만 다시 태어나고 싶지 않아요."

그는 장난을 걸듯 발을 살짝 들었다. 장식이 없는 흰색 운동화는 두부처럼 담담해 보였다. 동대문 시장에 원단 보러 갔다가 노점에서 만 원 주고 산 운동화는 윈도에 디스플레이까지 했다.

"이게 진짜 아름다움이에요. 이걸 몇 켤레 사서 계속 신는 거예요."

그는 안도감 같은 한숨 속에서 새로 정의한 사치를 들려주었다. 그런데 머랭처럼 가벼워 보이는 신발을 신으면 내딛는 바닥이 굴곡 없이 평평해질까?

"난 형편없는 사람이에요. 정말이에요. 인터뷰용이 아

니에요. 그걸 너무 잘 알아요. 난 패션 외에는 아무것도 몰라요. 무식하고 무지하고 대충 살아요. 근데 과거에 내가 살아온 시간들이 오늘을 만들었잖아요. 그 과정에 하나도 버릴 것은 없어요. 내가 곧 생일이에요. 후배들이 해마다 꽃을 보내요. 나와 함께하는 것을 좋아하고, 어디 같이 가고 싶어 하고. 그런 벗을 가진 사람이 몇이나 되나요? 나는 이 여생이 너무 행복한 거예요. 나 같이 행복한 사람이 없어요. 이 우주를 다 내가 가진 것 같아요."

그는 우울과 좌절이야말로 디자이너의 핵심이자 성품이라는 식의 이야기를 하지 않았다. 다만 자신을 기쁘게도 힘들게도 만든 패션 속에 짜 맞추어진 세월을 축하했다. 그렇지만 그렇게 천진한 사람에게 '남은 인생'이 어디 있나? '넘치는 인생'이라면 몰라도. 그러니 그가 서둘러 박물관에 안치될 일은 결단코 없을 것이다. 문득 일말의 걱정이 들었다. 내가 그 나이가 되면 어떻게 될까? 눈앞에서 가장 살아 있는 사람을 보면서도 늙은 소철나무처럼 꽃피우지 못하면 어쩌지?

"디자인하다가는 안 죽을 것 같아요, 행복해서."

온통 명랑한 진술이 그 시간을 빨아들이고, 매 순간 지복(至福)에 가닿는 사람은 인터뷰를 너무나 개별적인 순간으로 만들고 있었다.

"김수환 추기경은 '사후는 어떤지 아십니까?' 라는 질문에 이렇게 얘기했다고 해요. 우리는 모른다. 죽음이라는 것은 그냥 관문이다. 관문을 넘어선 다음 일은 하느님이 알아서 하실 뿐. 하느님 앞에 가야 내가 어떤 인간이라는 것이 입증된다는 거죠. 이만큼 살아보니까 그걸 알게 됐어요. 이 세상을 사는 동안에는 내가 어떤 인간인지 모른다. 그러니까 그때까지 그냥 가는 거다."

코로나 수칙 4단계의 날들이 흘러가고 있었다. 밖에선 오직 두 사람만 만날 수 있는 날들이, 해가 지면 더는 이야기 나눌 수 없는 시간이.

그러니까 와인을 마시자는 약속은 다음에. 우리들의 단 하나 기쁨은 다음에. 무엇보다 싱싱한 빛은 언제나 다음에.

마침내 질문 하나가 남았다.

"당신의 마지막 쇼는 무엇이 될까요?"

"그게 늘 생각하는 마지막 테마예요. 그냥 저기서 누군지 모르는 모델이 새카만 옷 한 벌 입고 나오는데, 어떤 형태인지는 모르지만, 정신적으로도 미학적으로도 공간적으로도 최고의 미니멀리즘. 하나로 딱 떨어지는 그것. 사람들이 모두 저게 바로 진태옥이다, 난 그거면 끝이에요. 그건 결국 그 자리에 온 사람들과 나의 얘기가 되는 거니까요."

어느 한 획 눈을 방해하는 것 없이 순전한 그 옷 한 점. 모든 것을 무음으로 덮어버린 뒤의 여지 없는 비움. 그것이 진태옥을 위한 마지막 쇼의 이름인 것이다.

캠퍼스의 호로비츠

김대진

"음악은 피곤해지지 진짜 싫어지진 않아요. 사랑하는 사람이라고 해서
365일 사랑하나요? 그렇지만 사랑이 변하는 건 아니죠."

인터뷰 전날까지도 사람들은 그를 '젠틀한' '단정한' '외골수'라는 말로 묘사했다. 가장 많은 수식은 '엄격하다'는 형용사였다. 인터뷰 내내 그가 엄격하다는 세간의 평은 앞뒤가 같고, 꾸준하며, 정직하다는 말을 오해한 거라고 생각했다. 그런데 그것이 '양보하지 않는' '물러섬이 없는'이라는 의미로 보인 막간이 있었다. 작곡가의 지시에 따른 연주자의 해석 문제를 이야기하던 도중, 베토벤이 악보의 어느 부분에 크레셴도라는 기호를 주었지만 연주자가 자기 기분 따라 디크레셴도로 바꿔도 될까, 하고 물었는데 학생들을 얼어붙게 만들던 표정이 그 얼굴을 순식간에 뒤덮었다. 그리고 그 입가의 단호한 무엇.

"그건 위험한 생각인데요, 베토벤만큼 기호가 많고 자세한 사람도 없어요. 그런 얘기가 있죠. 베토벤의 기호는 무조건 따라야 한다. 우리한테는 주어진 자유가 있고 주어지지 않은 자유가 있어요. 여기서 포르테, 크게 해라? 근데 어떻게 커질래? 근데 어떤 느낌으로 할래? 기쁘게 웃을래, 화나서 폭발할래? 해석의 자유는 있겠지만, 여기서 커지라고 하는데 난 작아지고 싶어, 이건 절대로 일어나선 안 돼요. 그중에서도 베토벤만큼은 철칙으로 따라야 한다고 생각합니다."

연주자는 소리를 조직하여 감정의 정수를 포착하는 사람. 그러나 악보에 적힌 지시어를 통해서만 작곡가의 메시지를 엿듣고 그 마음을 이해하는 메신저가 되는 걸까? 음표를 극단적으로 존중함으로써? 작곡가의 공식 규칙을 철저히 따르는 건 악기 소리를 흉내 낸다는 얘기 아닐까? 인생의 불완전성에 비추는 한 음악의 이상적 형태가 불변일 리 없다. 완벽함이란 유동적이며 변수가 있으니까. 인간은 저절로 움직이는 기계가 아니니까. 그런데 그 직전, 그는 어떤 자유에 관해 이야기했었다.

"이 곡은 이런 감정이니까 연주자는 이렇게만 연주해야 돼, 전 그렇게 생각 안 해요. 일정 부분 받아들이긴 하겠지만 꼭 그럴 필요가 있을까. 여기부터 저기까지 더 커지게 포르테, 근데 얼마가 커져야 하는 거예요? 조금? 많이? 극도로? 아니면 살며시? 그거야말로 연주자의 자유죠. 그 시대의 전체적인 흐름과 작곡 스타일을 이해해야 하겠지만, 실질적으로는 연주자들한테 주어진 자유가 엄청 많죠."

그 두 단락이 이율배반으로 들리진 않았다. 그를 만난다는 것은 자체로 이분법의 즐거운 이중창이었으니까. 분석할 자유와 절대적 규율, 공적인 책무와 사적인 수줍음, 외향성과 배타성, 그 사이사이 손가락의 안무. 그렇게 한국의 모든 클래식은 그리로 통한다는 사람, 늘 최전선에 섰는데도 막후의 사람 같은 뉘앙스, 예술적 헌신이 타인의 인생에 반드시 영향을 미칠 거라고 믿는 음악

스승, 중요한 마에스트로이자 비르투오소.

얼마 전, 그가 9대 한국예술종합학교(한예종)의 총장으로 취임했다는 소리를 들었을 때 뭔가 약간 염려되었다. 예술가는 좌뇌 우뇌가 어긋나 있을 텐데, 그러니까 셈이 빠른 소프라노란 도무지 억지 같은데, 당대의 피아니스트가 어떻게 경영을 총괄하는 행정가 역할을 할 수 있을까? 달라진 인생의 역할과, 요구가 다른 직책 사이에서 어떻게 균형을 찾을까?

그는 음악적으로 넥타이를 매만졌다.

"사람이 채워나갈 수 있는 것과 없는 것이 있겠죠. 이 일에는 소위 말하는 행정력이 있겠지만, 경험을 통해 일정 부분 채워나갈 수 있다고 생각해요. 제가 학교에서 느꼈던 27년 세월은 무엇으로도 대신할 수 없는 거잖아요."

그는 한예종 최초로 학생, 교수, 직원, 강사, 구성원 모두의 직접 투표를 통해 총장으로 선출되었다. 투표권자들은 그가 학교의 굴곡진 순간에 늘 입회했다는 사실을 중요하게 느꼈을까. 그 일은 그야말로 개개인이 존중받는 시절의 사조를 넉넉히 말해주고 있었다.

팬데믹 시절의 축하객 없는 온라인 취임식에서 그는 바흐의 〈예수, 인류 소망의 기쁨〉을 연주했다. 오므린 손에 쥔 트럼펫이 입가에서 미세하게 진동하듯 무엇인가 감정이 몸속에 퍼지며 공명하기 시작했다.

"그 곡을 치면 꼭 나의 내면을 살피는 느낌이 들어요. 종교 의식을 행하거나 자신을 성찰하는 느낌. 그리고 개교한 지 29년, 앞만 보고 달려왔으니까 우리 자신도 한번 살피고 겸손한 마음으로 30주년을 준비해야 되지 않을까. 그런 메시지를 전해주고 싶었어요."

한국예술종합대학은 우리나라 예술의 근원이자 총칭. 예술학교 중의 예술학교. 누군가 제 딸이 한예종 영상원에 입학했다는 걸 가문의 훈장으로 여기는 학교. 그는 한예종의 경쟁자는 미국 줄리아드도 영국 왕립음악학교도 이탈리아 파도바도 아니고 한예종이라고 못 박았다.

배색이 까다로운 중간톤 슈트에 블루 스트라이프 셔츠와 남색 넥타이의 삼위일체. 명도와 채도의 그윽함은 총장의 것일까, 개인의 것일까, 그 자신의 말대로 센스 없는 이의 것일까?

"뭐라 그럴까요, 저는 이제 예술가의 어떤 인상? 예술가의 모습? 그런 걸 버려야 된다. 나 스스로 더 이상 예술인이 아니고, 흔히 말하는 고위 행정직이잖아요. 그런데 아이덴티티가 자꾸 예술인이라고 고집하면 이때까지의 생각과 습성이 모든 일에 배어 나오지 않을까, 머릿속의 모드를 바꾸려다 보니 이렇게 입은 걸까요?"

그는 웃었다. 수식어가 없는 채 무미하고, 상냥하지만 유머가 덜한 목소리로.

마흔 넘어서 하얘지기 시작했다던 은발이 룩의 방점을 찍자 총장실의 모든 것이 채도 낮은 색채 속으로 빨려 들어갔다. 나무색 벽과 회색 러그, 소박한 직물 소파, 그리고 양갱처럼 까만 광택이 나는 피아노. 오직 창턱에 놓인 난 화분 몇 개만이 세속적으론 문화부 장관에 맞먹는다는 한예종 총장의 차원 이동을 지켜보고 있었다. 그는 다시 웃었다.

"그런 것을 느낀다 그래도 제가 거부하지 않을까요?"

일을 감정과 분리하는 것. 바그너의 음악이 대단한 이

유도 그것 아닌가.

그의 목소리가 문득 움츠리듯 낮아졌다.

"저, 워낙에 되게 소심한 사람이었어요."

이'었'다고? 과거에?

"기본적으로 사람들 만나서 어울리고 놀고 그러는 거 그렇게 즐기지 않아요. 이제 사람들을 많이 만나야 되는데 그게 되게 힘들더라고요. 만나서 얘기하고 설득하고 그러는 게. 속에서는 굉장히 벅차다는 느낌이 들어요. 그러다 보니 소통 잘 안 하고 너무 혼자 산다, 별나라 사람이다, 그런 소리가 나오죠. 그래도 조금 외향적으로 바뀐 건 오케스트라 지휘를 맡으면서 후천적 노력을 했기 때문이에요. 그래서 요즘 만나는 분들은 제가 소심하다 그러면 잘 안 믿을 것도 같은데, 그건 워낙 피아노 치는 사람들의 특징이기도 해요. 지금도 혼자 있는 걸 되게 즐기는 편이에요. 악보를 보면 위아래, 옆에 여백이 있잖아요. 전 그런 여백이 항상 필요해요. 잘 안 될 때도 있지만."

훌륭한 음악은 체계를 갖추고 있지만, 사람은 그렇지

않다. 그 성향은 저 높은 데서 홀로 고고해서가 아니라 다만 자기 안의 우주로 가득하기 때문인 걸.

*　*　*

음악에는 형상이 있어서 계속 태어나고 죽는다. 그리고 현재 위로 떠오른다. 소녀를 그 자리에서 움직이지 못하게 하고, 노인의 볼에 웃음을 띠게 하면서.

그 사이 클래식은 우리가 속한 세대에 너무 많은 주제를 담는 주요 형태가 되었다. 그리고 그는 예측치를 벗어난 음악적 선동을 숱하게 벌였다. 하루에 베토벤 협주곡과 모차르트 전곡 연주, 전국 투어 리사이틀, 해설이 있는 음악회, 장애인 음악 교육…. 한예종 음악원 25주년 기념 무대에서 울리는 25대의 피아노, 예술의전당 피아노를 다 동원하고, 한예종 피아노도 다 끌어온 음악적 소란을 보면서 내향적인 그 마음속에 주짓수 유단자가 살고 있다고 생각했다.

그러나 클래식의 역사며 효용성에 관심 자체가 없는

사람들을 어떻게 객석으로 끌어들일까? 시간과 시간 사이를 점프해 시대의 한 부분이 될 수 있을까? 청중에게 클래식이 무엇을 의미하는지, 그것의 출처는 어디인지 설명하는 올바른 방법은 무엇일까? 클래식이 가장 오래된 예술 형식이라 해도 모두에게 민주적인 전달 매체가 될 수 있을까? 모든 음악 주변에는 하나의 문화가 있고, 그 문화를 이해하는 방식은 음악을 대하는 태도에 귀띔할 것이다.

"우리는 여러 방법으로 식사를 하죠. 컵라면을 끓여 종이에 받쳐 먹기도 하고, 잘 차려 입고 정찬을 하기도 하고. 고전 예술은 정찬에서 시작해요. 그렇죠? 왜 굳이 턱시도 복장으로 연주하겠어요? 그렇죠? 경계할 것은 짜장면 먹으러 가면서 양복 입고 가는 거. 정찬이 있는 자리에 가면서 반바지 입고 가는 거. '클래식의 대중화'라는 말은 어폐가 있어요. 잘못 이해하면 클래식이 대중음악이 되는 거야? 저는 대중이 클래식 음악의 속성과 매너를 이해하면 다가가기 쉬울 거라고 생각했어요. 저의 음악적 아이디어들은 일상생활에서 흔히 접하는 것,

흔히 지나가는 생각에서 시작해요. 피아노 25대를 무대에 올린 건 그냥 단순히 25라는 숫자로 뭘 할 수 있을까. 음악원에 다른 전공도 많지만 피아노 전공 쪽 활약이 많아서 생각한 거죠."

"그럼 50주년 때는 뭘 할 건데요?"

은발의 소년은 이번에도 웃었다. 하나의 형용모순이 되어.

"그때까지 일단 살아 있는 게 목표고요. 그때는 또 젊은 교수님들이 다른 기발한 아이디어를 내지 않을까⋯."

콩쿠르는 그에게 친척과 같다. 그 자신, 클리블랜드 국제 콩쿠르 우승을 포함 다수의 콩쿠르를 석권했으니. 그리고 김선욱, 손열음처럼 그를 사사한 예외적 재능의 피아니스트 제자들을 거쳐 2021년 9월 3일, 박재홍은 63회 부소니 국제 피아노 콩쿠르에서 1위를 했다. 6년 전엔 문지영이 같은 대회에서 우승했으니 절대 스승으로서의 면모가 연이어 객관적 인정을 얻는 순간이었다.

"학생을 콩쿠르에 보낼 때 드는 생각은 한 가지밖에 없어요. 공연 예술은 스포츠랑 굉장히 비슷해요. 정해진

날 정해진 순간, 단 한 번의 기회를 통해 준비했던 것을 최대치의 기량으로 발휘하는 것. 저도 국제 콩쿠르 심사를 너무 많이 해봐서 아는데, 어떤 심사위원들이 와 있냐, 내 앞 순서에 누가 치냐, 그런 건 사람 힘으로 할 수 없단 말이죠. 사람 힘으로 할 수 있는 것은 계획한 대로 연주를 잘하는 것뿐이에요. 고마운 것은 박재홍 학생이 1차, 2차 쭉, 우리 표현대로 '그분이 온 날'인가, 할 정도로 자기 기량을 110퍼센트, 120퍼센트 나타냈어요. 본인도 그렇게 연주를 잘할 수 있을까, 싶을 정도로요."

'연주할 수 있는 사람은 연주하고, 연주할 수 없는 사람은 가르친다'는 서양 속담은 그릇된 것 같다. 그는 완전히 가르친다는 영광에 사로잡혀 있었다.

"학생들을 가르치기 시작한 다음부터는 진짜 부러웠어요. 쟤네들은 무슨 걱정이 있을까. 그냥 연습만 하면 되니 얼마나 좋을까. 그런데 영재의 가능성을 찾아낼 수는 있지만 영재를 만들 순 없어요. 베토벤의 마지막 소나타는 모든 것을 초월해서 하늘로 올라가는 듯한 곡이잖아요. 그걸 초등학생 아이가 모든 인생을 다 겪은 사람처럼 치는 걸 보고 제가 기가 막혀서 물어봐요. 어떻게 이런 느낌을 냈어? 돌아오는 답은 '저, 그냥 쳤는데요?' 그게 영재예요. 어떤 곡의 의미에 대해 설명 들을 필요도 없고 곡을 연마해가는 과정에 이미 느끼는 것. 문지영 같은 경우는 실질적으로 피아노를 찾아 연습하는 과정까지가 되게 힘들었던 아이란 말이에요. 드디어 피아노를 칠 수 있다는 것이 너무 소중하기 때문에 피아노 앞에 앉으면 자기 음악에 이미 다 배어 있어요. 그런데 그렇지 않은 경우가 문제거든요. 어떡해요. 경험을 통해서 얻을 수밖에 없죠. 제일 좋은 경험은 사실은 콩쿠르 나가서 떨어지는 거예요."

그렇지만 콩쿠르가 연주자의 절대라면 너무 쓸쓸할 것 같다.

"중요한 게 아닌데 중요한 게 돼버렸어요. 그렇죠?"

한 줄씩 가르쳤는데 전체를 몽땅 외운 아이처럼 재능이 저절로 주어진 아이야 그렇다 쳐도, 콩쿠르에서 입상한 적도 없고 재능이 썩 많지도 않은 채 음악을 너무 사랑하는 친구는 어떻게 해야 하나.

"성숙하지 못한 음악을 만드는 어떤 남학생이 있었는데, 같은 콩쿠르에 세 번을 떨어졌어요. 그런데 한 달만 좀 시간을 달라 그러더니 그 후에 다시 연주를 하는데 개 소리가 아닌 거예요. 실패를 통해 얻어진 거잖아요. 경험을 마음속에서 융합하는 능력이 있냐 없냐는 두 번째고요."

애써 높이지 않으나 규칙적으로 울리던 목소리가 속도를 입어 빨라졌다. 음악의 리듬이 시간의 음률과 화음을 이루더니, 목소리에 광택이 부족해 보였던 사람의 이야기가 점입가경이 되었다.

"베토벤 시대에 훌륭한 작곡가가 베토벤밖에 없었을까요? 스포츠는 금메달을 따면 목표를 이룬 건데 콩쿠르는 아니잖아요. 오히려 내가 만드는 상품이 인정받았구나 하는 확인 정도? 중요한 것은 그 상품이 잘 팔려야 돼요. 그렇죠? 백화점에 내 상품이 들어가는 과정은 예술적인 면하고 아무 상관이 없단 말이죠. 그 과정을 어떻게 도와줘야 되느냐, 이게 숙제인데 예술 쪽으로 국가 경쟁력을 키워서 해외 굴지의 매니지먼트사와 협업

할 정도가 돼야겠죠. BTS, 제가 봐도 특별해요. 그렇지만 그걸 엮어주는 과정이 없었다면 어땠을까요. 클래식엔 매니저, 중개인 역할이 굉장히 빈약해요. 학생들이 항상 게릴라전을 한다고 제가 말하는 이유는 자기들이 직접 매니지먼트사를 두드릴 수밖에 없어서인데, 근데 안 되죠. 그러니까 매니지먼트 활성화가 지금으로서는 절대적으로 필요하죠. 전 자기 홍보라는 단어는 싫지만, 존재를 밝혀주는 수단은 그래도 옛날보다 많아졌어요. 제가 학생들한테 하는 얘기가 콩쿠르 말고도 예술적 존재감을 나타내는 여러 다양한 매체가 생겼다…."

* * *

부친은 음악 애호가였다. 그리고 그는 처음 피아노 건반을 두드렸던 찰나를 기억하고 있었다.

"초등학교 때 아파서 학교를 못 간 적이 있었는데 집에 있던 피아노로 장난을 친 모양이에요. 그때 외조모님하고 같이 살았는데, 막 달려오셔서 찬송가 멜로디들을 가르쳐주기 시작했어요. 그때 제가 〈기뻐하며 경배하라〉 멜로디를 쳤는데 피아노 소리가 내 손을 통해 나오니까 굉장히 신기했어요. 부친께선 음악을 전공하시려다가 반대 때문에 못하셨거든요. 그 대신 클래식 LP를 모으기 시작하셨어요. 전 그걸 듣고 자랐어요. 그 LP 아직도 갖고 있는데 부친은 내가 연습할 목록을 인덱스 카드에 적어주고 출근하셨죠. 여기 몇 페이지 연습하고, 이쪽은 왼손 연습하고."

피아노가 점지된 악기라고 확신했던 계기는 따로 없었다.

"어느 순간, 전공을 하니 안 하니, 다들 그런 시기가 있는데 집안에서 큰 결정을 내릴 것도 없었고, 그냥, 어떻게, 자연스럽게, 당연히, 피아노 전공을 하는 걸로 되어 있었어요. 제가 1982년에 줄리아드 유학 갔다가 1994년에 이 학교에 왔을 때 국내 음악 연주자들 인지도는 되게 얕았어요. 저는 그래서 우스갯소리로 국내 연주자의 연주도 표 사 갖고 볼 만하다는 얘기를 들어보고 싶었어요. 그럼 아이템이 있어야 되잖아요. 그래서 프로

젝트를 많이 하다 보니까 뭔가 개척해나가는 사람으로 보여서 '건반 위의 진화론자'라고 불린 거예요."

완전히 몰두시키는 음악의 우연한 힘과 기억의 절차. 음악만큼 감각적으로 과거를 환기시키는 매체가 무엇일까? 언젠가 그가 모차르트 피아노 협주곡 23번을 주무를 때, 오르락내리락하는, 나선형의, 활기 넘치는, 도망가는 음이 달리고 멈추기를 반복할 때, 그 사람 머리에서 휘파람 소리가 나고 손가락 끝으로 보이지 않는 실을 뽑아내는 것 같은 감흥은 무엇이었을까? 성당에 있는 것처럼 허리를 곧추세우게 만드는 건?

어떤 때 빛들이 튕겨 나가고 문이 열리는 순간, 피아노를 듣는다는 실질적인 정황을 잊는다. 손가락의 행진 속에서 각각의 의지로 가득한 음의 상징을 알아보고 그것을 마시며 호주머니에 감추었던 감정을 주섬주섬 꺼내 보는 순간, 입 안이 얼얼해지고 음악의 영역에만 존재하는 또 다른 차원을 느낀다. 어쩌면 자기도 몰랐던 취약함이기도 한. 이런 특성이 없다면 피아노는 존재하지 않았을 것이다. 그러나 그는 달래기 힘든 야심 앞에서 허둥대는 대신 학생들을 가르침으로써 그가 정의한 음악의 체류자로 만들었다.

"제가 신경 썼던 것 중 첫 번째가 자기 절제, 자기 훈련이었어요. 테크닉은 딱 두 가지 종류예요. 연습 몇 번 해서 되는 사람, 잘 안 되는 사람. 부족한 사람은 무조건 연습한다고 얻지 못해요. 노하우를 찾아야 돼요. 팔목을 높게 들어볼까, 내릴까, 팔을 더 붙여볼까… 수도 없이 많은 과정이 있지만, 자신한테 맞는 방법을 찾아내는 건 자기일 거 아니에요. 그런 나만의 방법을 찾게 하기 위해 조금 엄하게 했어요. 내가 추구했던 방향이 피아노 앞에서 몇 시간까지 연습을 지속하는 습성을 갖게 하는 건데, 재주 있는 학생들의 공통점이 좀 게을러요. 빨리 습득하기 때문에 당연히 연습량은 부족해요. 그럼 어떻게 해요? '악마 쌤'은 그래서 붙여진 별명 같아요."

하긴, 그는 엘리티시즘으로 무장한 채 연단 위에서 아래를 내려다보는 스승 같기도 하니까. 그런데 그 엄격함은 자기에게도 통용될까? 그는 덮어쓰듯 당장 말했다.

김대진

"그럼요! 그렇게 자신 있게 얘기 했던 것은 내가 그랬기 때문에!"

클래식은 시간을 뛰어넘으며 어느 시대에나 한 부분이 될 것이다. 그러나 레슨은 여러 층으로 된 이야기. 감정적인 관계이며 본능적인 습속. 즉, 자기가 보고 싶은 대로 음표를 보는 이들의 독백이 아니다. 그가, 사람은 생긴 대로 피아노를 친다고 한 건 그 이유에서였을까.

"배우도 그렇잖아요. 부드러운 목소리를 가진 사람이라고 해도 화를 안 내는 거 아니잖아요. 생긴 대로 친다는 말은, 본인들이 가진 무의식의 세계에서 나오는 것을 수정하기 위해 한 말이에요. 피아노 치다가 빨라지는 아이들은 밥 먹는 것도 걷는 것도 말하는 것도 다 빨라요. 이렇게 다 연결되어 있기 때문에 아무리 피아노 앞에 앉아 고치려고 해도 그걸 같이 고치지 않는 이상, 무대라는 무의식의 세계로 가면 못 고쳐요. 어떤 학생은 악보에 온갖 색깔 동그라미를 치고 채워줬더니 안 빨라져요. 그런데 그렇게 고쳐도 다음 주에 또 빨라지는 거예요. 같은 오류가 계속 나죠. 매번 바흐를 쳐도 빨라지고, 베토벤을 쳐도 빨라지고, 쇼팽을 쳐도 빨라지고. 그럴 때 주입식 교육만큼 확실한 게 없어요. 세뇌시키는 거예요."

그는 재차 웃었다. 출중한 재능을 가진 아이란, 격렬하게 요동치던 그 사람의 젊은 날을 이끌어내는지도 몰랐다. 어쩌면 그것이 학교에서 학생들을 가르치는 단초가 되지 않았을까. 새로운 모차르트를 찾는, 언제까지나 골몰하고 싶은 탈취불가능한 권리로서. 그러나 설상가상의 학생은 또 있었다.

"어떤 학생은 페달 습관을 못 고치는 거예요. 그런데 몇 년 걸려서 졸업 연주 전 마지막 레슨 때 진짜 고쳤어요. 그날 제가 쓰는 일기 파일에 이렇게 썼어요. '페달이 드디어 고쳐졌다. 나는 어쩌면 좋은 선생이 아닐까.' 그런데 졸업 연주에서 보니 처음 만났을 때랑 똑같은 거예요. 4년의 고생이 어디 간 거야? 너무 실망했어요. 그리고 걔가 미국으로 갔는데 2008년인가, 2009년? 얼마 있다가 손편지가 왔어요. 선생님을 만나서 많은 것을 깨달아가는 중에 제 페달 습관이 나쁘다는 걸 깨달았습니다… 기운

이 다 빠졌어요. 신뢰가 하나도 없었던 거죠. 그 편지 아직도 갖고 있어요. 그거 나 잊지 못 해요."

꼭 학생과 스승이 서로 체스를 두는 것 같다. 그는 어떻게 그렇게 채택된 테크닉 대신 제자의 육신과 마음, 보이지 않는 단면 깊숙이 파고들 수 있을까. 그는 잠깐 포즈를 두었다.

"공연 예술이 펼쳐지는 것은 무대잖아요. 그렇죠? 무대에서 어떻게 하면 정해진 시간에 우리가 그동안 준비한 것을 발휘할 수 있을까, 라는 생각을 하다가 그렇게 접근하기 시작한 것 같고요. 나는 제 접근 방법이 맞다는 생각은 절대로 안 해요. 그 방법 때문에 굉장히 나를 힘들어했던 학생들도 많으니까. 이게 재미있는 얘기예요. 언제로 내려갈 수 있을까요? 1800년대 후반, 1900년대 초반에 태어난 연주자들의 특징은 정말 개성이 강해요. 거기에 한 가지 더, 현실적인 요인도 분명히 있었을 거예요. 그 사람들은 다른 사람이 어떻게 치는지 잘 몰라요. 못 들어요. 그렇죠? 굳이 연주회장을 찾아가 듣지 않는 이상은 음반이 있었겠어요, 뭐가 있었겠어요? 궁극적으로는 자기 자신을 믿을 수밖에 없는 맥락이죠."

확실히 그의 레슨 원리는 그가 꿈꾸는 것 이상이라는 생각이 든다. 그것이 원했던 단 한 가지는 아닐지라도.

"저도 중학교 때는 다른 사람 연주 한번 듣고 싶었고, 그 레코드 한 번만 들어보면 소원이 없겠네, 그랬어요. 유명한 음악 감상실에 가든지 일본에 주문을 해야 되는 때였단 말이죠. 요즘 유튜브에 들어가 곡을 한 번 찍으면 클립이 셀 수 없을 정도로 나온단 말이죠. 정보를 선택해서 얻는다? 이거는 혁명에 가까운 변화지만, 학생들 예술적 개성을 좀먹을 수도 있단 말이죠. 우리나라만 그런 게 아니고 전 세계적으로 학생 연주자들이 거의 다 비슷한 스타일로 하고 있어요. 어떤 곡을 일정 부분 완성시킬 때까지는 레슨이 필요 없을 정도로 서로 듣고 보다 보니까 개성이 사라질 수밖에 없죠. 학생들에게 억지로 다른 정보를 접하지 말라고 할 수도 없는 상황인데 과연 창의력을 가르칠 수 있을까. 아직도 해답을 찾지 못한 상태지만, 그래도 이런 연주를 하는 사람은 세상에 나 하나뿐인 개성을 찾도록 유도해주는 게 되게 좋아요."

* * *

때로 피아니스트와 청중은 서정적으로 함몰된 순간을 만든다. 침묵과 긴 불협화음을 통해. 그리고 의문투성이 아름다움 속에서 듣는 사람을 통제하려는 예술적 야망을 빌린다. 그러나 누군가 아무리 소리 속에 개체로서의 자기를 드러낸다 해도 어떤 연주는 마음의 털끝 하나 건드리지 않는다.

"저는 소리에서 차이가 난다고 생각합니다. 경험을 통해 소리를 연출할 수 있겠지만, 열변을 토한다든지 사랑 고백을 한다든지 하는 순간은 의식의 세계에 속해 있지만, 그것이 발현될 때는 무의식의 세계에서 나온단 말이죠. 그러니까 속일 수가 없어요. 그 소리는 절대로 다른 사람이 만들 수 없고 나만 낼 수 있는 나만의 감정이거든요."

그 화법의 관대한 까다로움. 육박해가는 효과성은 다가가는 사람의 카리스마에 달려있을 것이다.

그는 연습만 하던 줄리아드 음대 시절을 이야기하며 조금 간격을 두었다. 흔한 추억의 가짓수 때문인지, 클래식이 마음에 공간을 많이 남겨서인지.

"그때 저는 연습만 하는 외톨이…. 아예 그냥 연습실에서 살았던 것 같아요. 졸업하고 우연히, 기억도 잘 안 나는 외국 친구를 만나 얘기를 들었는데, 연습실에서 연습만 하던 삐쩍 마른 동양 아이, 그게 나였어요. 그때 제일 놀랐던 건 중국 학생들의 놀라운 테크닉. 저는 곡을 빨리 못 배우는데, 중국 아이들은 레슨 하루 전날 악보 봤는데도 완성시켜서 들어가는 게 굉장히 놀랍고 부러웠어요. 저는 그래서 그냥, 그냥 연습만 했어요."

학습된 탁월함만큼 탁월한 게 있을까. 그는 평생을 연주했으나 피아노 연주회를 망친 아이였던 적이 없었다.

"연주를 통째로 말아먹었던 적은 한 번도 없었어요. 이게 학생들한테 늘 말하는 연습의 힘인데, 망쳐도 그렇게 완전히 망치지는 않아요. 훈련에서 쌓인 거기 때문에. 여기저기 좀, 부분부분, 그런 거는 있지만, 연습은 배반하지 않는다."

작곡가와 연주자는 그들 사이에 동반되는 계약을 통해 서로를 알아볼 테지만 그때 몰두했던 작곡가는 따로 없었다.

"작곡가들이 서로 너무 다르니까. 박사학위 논문은 모차르트 협주곡으로 쓰기는 했지만 모차르트 전문가는 아니었어요. 하여튼 학위 쓸 무렵에는 모차르트에 조금 심취해 있었어요."

그러나 무엇일까? 다른 시대를 산 슈베르트가 어째서 시간을 건너 우리 마음을 터치하는 걸까? 음악의 입자도 질량을 가질까? 우리는 어떤 필터를 통해 들어야 할까?

"청중들은 소리를 느끼니까. 소리가 들리기 때문에. 듣는 것에도 여러 가지 종류가 있거든요. 지금 밖에서 지나가는 소리 있죠? 그런데 내가 듣는다는 말은, 진짜 '귀 기울여 듣는다'는 거예요. 들을 수 있는 능력. 가령 백화점에서 안내 방송 나오는데 내 이름을 부르면 주변이 시끄러워도 굉장히 자세히 듣지 않겠어요? 근데 그걸 계속 하다 보니까 보통 때는 좀 쉬고 싶은 생각이 들어요."

음악 속에서 벌어지는 일들은 대부분 이름이 없다. 그것을 표현할 단어가 적기 때문에. 어떤 때는 온갖 무지 가운데 클래식을 모르는 것만 한 무지도 없는 것 같다. 그런 기분은 도대체 누가 강요한 걸까? 짓궂게 말하자면, 클래식은 시대의 현실로부터 떠올라 허둥지둥 과거로 비행하는 심약한 음악 아닌가? 우리를 남겨두고 떠난 이전 시대의 순수만 찾는? 히스테릭한 경외감을 드러내는 메탈도, 분방한 세대의 랩도, 공포스럽게 탐욕을 드러내는 트로트도 아닌 채 클래식 피아노를 치는 사람이란 대관절 어떤 종족일까. 연미복을 입고는 지루하고 고상하게 건반을 두드리는 사람?

"고전 시대, 낭만 시대, 또 현대, 모든 학파가 그때 사회상의 표현이잖아요. 영재들은 그 시대에 살았던 사람처럼 연주하는 사람들이에요. 그렇지 않으면 그 시대의 문화적인 흐름, 관습, 전통을 이해하기 위해서 당연히

김대진

공부해야 하죠. 당시에 작곡가들 음악도 들어보고 ,다른 작품도 들어보고, 전시회도 가고. 스타일을 이해하는 게 굉장히 중요해요. 사람 만나서 인사하는 것도 고전시대 인사법. (악수하는 제스처로) 안녕하세요, 처음 뵙겠습니다. 그리고 낭만 시대에는, 이렇게 아름다운 분을 만나게 돼서 너무 마음이 뜨겁습니다, 이렇게 얘기한다는 말이죠. 사실은 똑같은 걸 얘기하는 건데 표현 방식의 다름을 이해해야 돼요."

10월인데도 날이 더웠다. 인터뷰할 때는 에어컨 바람이 센지도 몰랐는데 그는 "이거 잠깐만 끌까요? 추워요?" 하고 물었다. 그 참에 촬영을 하기로 했다. 그리고 그는 나무 벽을 배경으로 흑단 같은 피아노에 기댔다.

* * *

격자형 창문이 달린 유리 건물이 세 방위를 에워싼 학교 어디에도 학생들은 보이지 않았다. 눈앞에 보이는 모든 광경이 그의 고충을 외치는 것 같았다. 청춘의 정점에서 아카데미즘의 절정을 누리는 순간은 스러지고, 봉쇄된 페스트 시절의 교정에 봄의 교향악은 울려 퍼지지 않았다. 침묵이 고였다. 기차가 떠나기 전 같은 어색한 침묵이. 무엇일까? 최저의 상태 속에서 이렇게 오랜 기다림과 더 긴 불화는 무엇을 약속할까? 한숨이 날 만큼 공개적이고 어두운 시간을 통해 우리는 무엇을 얻게 될까?

닫힌 감정이 벌을 내리는 것 같은 순간, 본래의 질문으로 되돌아왔다.

"어떤 사람은 음악을 위해서라면 전쟁터에도 나갈 수 있다고 합니다. 그러나 음악이 싫어질 때는 없나요?"

"음악은 피곤해지지, 진짜 싫어지진 않아요. 사랑하는 사람이라고 해서 365일 사랑하나요? 그렇지만 사랑이 변하는 건 아니죠."

이런 걸 유머감각이 덜한 사람의 비례 감각이라고 하는 걸까? 여지없는 철저함을 방패처럼 두른 그 사람은 위트 있다는 말을 아주 좋아했다.

"그래요? 처음 들어보는데."

그리곤 곧바로 꽃 피고 지는 학교를 거니는 선생님으로 돌아갔다.

"사실은 서초동에서 진짜 학생들하고 27년을 같이 살았거든요. 학생들을 가르친다기보다 그들을 통해 스피릿을 얻고 힐링도 했는데, 그러다 여기 출근을 하고 개강을 했는데도 학생들이 잘 안 보이는 거예요. 학생이 좀 많으면 창 너머로 보겠는데, 이렇게 지내는 게 사실은 조금 아쉽고, 답답하고, 굉장히 공허해요. 무대가 그립다기보다는 학생이 그리워요."

창 밖 풍경은 그의 차가운 배경이 되었다. 음악은 형태를 바꿀 수 있고, 악기에 새로운 의미를 주기도 하지만, 그는 학생 없이는 어떤 퍼즐도 맞추지 않았다. 학생은 그에게 낭만주의 시대의 이자가 붙는 선물, 궁극의 크레센도니까.

헤어지고 나서도 내이(內耳)를 채우는 건 학생이 그립다던 목소리, 이야기의 끄트머리마다 "그렇죠?" 하고 되묻던 선생님의 그 목소리.

어떤 사람은 그를 두고 바렌보임이며 플레트네프, 아

쉬케나지가 떠오른다지만, 그는 호로비츠에 훨씬 가까웠다. 그가 전해주는 이야기는 음악보다 깊은 감정이었기 때문에.

소년의 심장

장석주

"시마(詩魔)라는 게 있어요. 시의 신과 접신하는 거죠. 그러나 나는 시마
가 찾아온다고 해도 거절할 거라고 했어요. 당신 도움 필요 없다. 내 걸
쓰겠다."

1월의 오후 세 시. 커다란 창이 벽을 대신한 파주 헤이리의 카페에서 그는 헬렌 맥도널드의《저녁의 비행》을 읽고 있었다. 그의 겨울 주제는 활강하는 새의 응시. 오늘 별이 없는 창공을 올려다보는 이라면 필시 다음 세대에 자국을 남길 것이다.

열다섯 살부터 명료하게 빛나는 금욕주의로 시를 써 온 시인은 1979년부터 2019년까지 쓴 아홉 권의 시집 가운데 66편을 추린 다음, 팽팽하게 압축된 138개의 사유를 잇댄 시선집《저게 저절로 붉어질 리는 없다》를 출간했다. 2002년,《물은 천 개의 눈동자를 가졌다》를 낼 때

'내 시가 더는 가망이 없다는 격렬한 자각', 2005년, 등단 30년만에《붉디 붉은 호랑이》를 내놓으면서 '그만 시를 놓아도 좋겠다'던 어떤 결의를 딛고. 독자 대 시인, 친숙하고 집착적인 관계는 여전히 계속되고 있었다.

"50년 동안 쓴 내 시의 역사를 되돌아본다는 의미에서 정리한 시선집이라 각별한 의미가 있죠. 이 시선집에는 빠르게 읽힌다는 의미나 당위적인 것보다 참신한 느낌을 주는 시들, 자유 시의 내재율, 정확하게 리듬을 쌓아 가고 속도감을 중시하는 시들을 골랐습니다. (〈이곳에 살기 위하여〉에서처럼) '우리는 술을 마신다 흐린 불빛/ 아래에서 가면을 쓰고/ 장갑을 끼고 술을 마신다/ 어제도 마시고 그저께도 마시고 오늘도 마신다 아마/ 내일도 마시게 될 것이다' 이렇게…."

시의 내재율과 외재율에 관해 언제 들었을까. 부드러운 풀밭에 누워 구름을 보며 시를 읊조리던 때가 언제였을까.

시는 유통기한이 없다. 그러나 새로운 시대에 새로운 상태를 묘사하기 위해선 새로운 단어가 필요할 것이다.

시는 때로 21세기를 느끼고 싶을 때 복용하는 알약과 같아서.

그러나 무엇일까? 시인은 진실 때문에 스스로를 불사른다는 근대적 개념은 시라는 면류관에 권위를 주었을까? 시대의 끝에 태어나 시에 매달린다는 것은 어떤 가치일까?

당대의 문장가이자 희대의 독서광은 젝시믹스 롱 패딩에 진갈색 운동화, 검정 스트라이프 머플러를 두른 채 의자 팔걸이에 손을 올리고 있었다. 마치 다이빙하기 위해 기다리는 소년처럼.

"이번 시선집에는 순진하고 호기심 많고, 세상에 대해 어리둥절한 소년의 모습이 그대로 드러납니다. 지금도 내 본질은 소년이라고 생각합니다. 소년다운 호기심과 소년다운 발상과 소년다운 기쁨… 난 인생에서 모르는 게 너무 많아요. 그러니까 모든 게 신기하고 놀랍죠. 우주 과학자들은 우주가 137억 5000년 전, 빅뱅으로 시작했고 그 별들이 점점점점 더 멀리 나아간다고 해요. 우주는 시작이 있기 때문에 끝이 있다는 거예요, 오메가의 순간이. 언젠가 우주가 끝난다는 건 알지만 어떤 형태로 끝날지 모르는 걸 시인들은 직관으로 알아요. 시인은 우주 과학자들의 설명을 듣고 아는 게 아니라 직관으로 알아내는 자라는 생각이 들어요. 시가 가진 특징 중 하나는 예언성이에요. 시는 예언이에요. 어떤 직관을 통해 미래를 꿰뚫어 보는 혜안. 식스센스 같은 거죠. 제6의 감각."

자족하는 이의 행복한 피부와 회화적인 콧수염 사이에는 무슨 세월이 있을까.

그는 끝도 없는 호기심에 익사하는 아이처럼 눈을 크게 *뜨고* 대상 가까이 앉는다. 그리고 깨끗하지 않은 말을 펜으로 쓴 적 없는 작가처럼 시어를 점검하고, 그 열매를 보여줄 방식을 찾는다. 그건 스무 살에 등단하기 전, 팔도의 중고등학생 수천 명이 달려들던 '학원 문학상'에 시 〈바위〉로 버젓이 수상한 열다섯 살 때부터 비롯되었다.

"〈바위〉는, 내 느낌에는 유치환의 남성적 의지와 기개를 내세운 시였어요. 어려운 말이 많이 있었는데, 꽤 길고 어른스러운, 의젓한 시였어요. 유구한 세월이 흘러 폭포 옆에서 바위가 몇 백 년 동안 엎드려 폭포 물에 귀를 씻고…. 그 당시 30대였던 고은 시인이 선자(選者)였는데 뒤에 말해주었어요. '내가 이 시를 왜 뽑았느냐. 탁마, 갈고 닦은 역작이라서….' 처음 시를 썼을 때, 나 자신을 새롭게 발명한 느낌이었어요. 내 안에 있는 새로운 재능을 발견한 것이 나를 행복하게 했어요. 그런 느낌이 50년 동안, 시가 현실적으로 그렇게 큰 보상이 없는데도 불구하고 시를 쓰게 하는 동기이고 동력이 됐던 것 같아요. 내가 활동했던 1980년대에는 시의 사회적 영향력이 지금보다 컸어요. 문학이 문화의 중심에서 영화를 누리던 시절이었고, 사회적으로 존경을 받았고, 그런 걸 통해서 내가 하찮고 비루한 존재가 아니라는 걸 증명하고 싶었던 것 같아요. 조선일보 신춘문예에 시로 당선했을 때, 그 전날까지 정말 아무도 모르는 무명 문학 청년의 기사가 메이저 신문에 나고, 이런 걸 통해 뭔가 내 존재 가치를 증명했다는 느낌을 받았어요. 그때 혜화동 어디에 전세로 이사했는데 옆에 살던 집 주인의 아들딸들이 신춘문예 당선 상패를 보고 놀라던 기억이 나요."

그건 너무나 문학적인 복수. 주제를 다루는 아이러니
는 그의 순진함 속에 부는 바닷바람처럼 시인을 어느 해
변으로 운반해 왔다.

* * *

그는 시를 쓴다는 의미의 망, 신경계의 세트 안을 거닐
었다. 크게 보면 언어 자체가 가지는 힘을 증명했을 것
이다. 그러나 그 사람은 우리가 짐작하는 시인의 배역과
좀 달랐다. 불길한 분위기 속에서 섬세하고 퇴폐적인 특
징을 이용하지 않으며, 중증 몽상가들의 유아적 야만성
도 없고, 자의식의 미궁에 빠진 탈무드 풍의 문장을 쓰
지도 않는다. 오직 시를 쓰는 재능은 시를 쓰지 않는 재
능보다 훌륭하다는 진실뿐.

"천부적인 재능이란, 19세기까지 이어지는 낭만주의
자들이 퍼뜨린 거죠. 시는 타고나야 됩니다. 근데 엄청
난 자기 헌신 없이는 재능이 빛을 발할 수 없어요. 뛰어

난 시인들은 사실 상상할 수 없을 만큼 자기를 갈고 닦고, 뭉툭한 쇠붙이를 갈아 바늘로 만들었어요. 그게 재능이라고 생각합니다."

모차르트도 자기 아버지한테 편지를 보냈었지. "사람들은 제가 톡 건드리면 음악이 탁 나온다고 생각하지만 내가 얼마나 노력하는지는 아무도 몰라요."

예술이란 모두에게 아름다움의 단서를 안겨주는 일일진대, 이 땅의 미술과 음악과 문학의 막후에는 서로 분파를 만들어 누군가의 명줄을 틀어쥐는 형국이 다반사였다. 데뷔 이래 그는 그 유명한 문예지들과 연이 없어 보였다. 시인이자 평론가로서의 치세를 누리지 않고 문학의 어두운 바다를 돌파해간 힘은 무엇이었을까? 외로움? 소외 의식? 그는 정당한 평가를 받았을까? 무엇보다 80년대에 시를 쓴다는 것은 어떤 종류의 압박감이었을까?

"제가 문단의 중심, 주류에서 조금 소외된 자리에 있었던 건 사실이죠. 내가 타협하지 않은 일면도 있고, 이른바 내 출신 성분이 성골이 아니었기 때문일 수도 있

장석주 273

고. 우리나라는 어느 대학을 나왔느냐가 중요하니까. 항상 당대 주요 지면을 쥐고 있는 자가 문학 권력을 잡았어요. 내가 활동했던 80년대는 '문지'와 '창비'가 양대 권력이었어요. 저는 그 권력이 만드는 이너 서클에 들어가지 못하고 배제된 거예요. 문학과지성사에는 4K가 있었어요. 김병익, 김현, 김주연, 김치수. 거기는 4인이 만장일치로 인정해야 돼요. 날 좋아했던 분은 한 분, 반대했던 분도 한 분 계셨어요. 적극적으로 나한테 표현했던 건 김현 선생. 그 시절 거기서 내 시집이 나왔다면 아마 그 주류에서 인정받고 문학상도 받고 그랬겠죠. 근데 그건 중요한 건 아니에요. 나는 또 그들을 비판했으니까. 문화의 팩트를 형성하던 그들이 잘한 점도 있지만 잘못한 점도 있거든요. 너무 진영논리에 매몰되어 품는 도량이 적은 거예요. 네 편 내 편을 갈라버리니까 그쪽에 지면을 얻을 수가 없는 거죠. 그러나 그런 것들에 일정 부분 어떤 긴장과 물리적 거리가 있었다는 것 때문에 내 것을 지킬 수 있었어요."

그의 다차원적인 특성에는 살짝 비트는 정치적 코멘

274

트가 번쩍거린다. 나는 빵을 기다리는 줄에 선 사람들처럼 다음 말을 기다렸다.

"시인한테는 살아서 쓴 시 하나하나가 자기의 비석이 되거든요. 저는 묘비명에 이렇게 쓰고 싶습니다. '나는 쓴다'. 죽어서도 나는 쓰는 사람이었으면 좋겠어요. 피로 글을 쓰다 죽은 시인. 스무 살 때부터 니체의 《차라투스트라는 이렇게 말했다》에 나오는 구절을 동경해왔어요. '피로 써라. 피가 곧 정신이다.' 지금도 같아요. 모든 글에는 지문이 남거든요. 피의 불가피한 기질을 사람들은 문체 또는 스타일이라고 이야기하죠."

시의 심장, 심장의 목적은 그가 점검한 모든 형용사 뒤에 있었다. 효과적인 언어 사용법, 서술적 능란함의 부정, 사회적(이지 않더라도 민감한) 관찰, 불안한 부드러움이라 부르고 싶은 개방성은 그 사람 말고 다른 혀로는 얻을 수 없는 언어였다. 동시에 어떤 방식으로든 정서적 이주자들에게 영향을 미치는 지식인의 낱말이기도 했다.

"시의 지식이란 종교의 진리, 과학적 지식과는 좀 다

르죠. 객관적으로 검증된 정보로서가 아니라 직관을 통해 얻어진 지식, 고정불변의 지식이 아니라 끊임없이 생성되면서 그 자체로 진화하는 지식이죠. 지식은 반드시 시간을 품고 있거든요. 시간이 아주 길어지면 진리가 되고, 어느 정도 길어지면 과학적으로 검증된 지식이 되죠. 근데 시의 지식은 찰나의 지식이에요. 찰나마다 몸이 바뀌니까. 상상과 은유 속에서 탄생하는 지식. 뜨겁고 살아 있는 지식. 시인은 오히려 그런 것을 거부하면서 생경한 목소리로 지식을 세상을 내보내기 때문에 지배자의 권력에 균열을 낼 수 있어요. 그렇기 때문에 그것이 주류 도덕을 굳게 신봉하거나 지배자의 권력에 균열을 낼 수 있을 거예요. 권력을 가진 자들, 혹은 이미 많은 것을 가진 자들은 시인의 존재 자체를 굉장히 싫어해요. 왜냐하면 자기네들이 가진 기득권을 침식한다고 느끼니까."

* * *

인생에는 많은 기회가 있지만 그 안의 의미는 잘 보이지 않는다. 오직 일어나는 좋은 일과 나쁜 일만 있을 뿐. 그리고 그의 10대에 학교는 자신이 누구인지에 관한 어리둥절한 의문만 남겼다.

"내 삶 자체가 그렇죠. 어느 날 갑자기 붙잡혀서 감옥에 간다거나, 고등학교에서 폭력을 당하고 튕겨져 나온다거나. 내가 정체성을 처음 자각한 것은 열일곱 살 때. 처음으로 세상과 부닥치는 경험을 했어요. 고등학교 2학년 때 정규 교육 과정에서 튕겨져 나와 동해 바닷가에서 한동안 지내다가 돌아왔어요. 교련을 거부해서 교련 교사한테 엄청나게 구타를 당한 거죠. 그래서 가방을 싸 갖고 학교 운동장을 걸어나오면서 다시는 학교에 돌아가지 않고, 그냥 끝낸 거예요."

성장기에 가해지던 물리적 체벌의 시절, 누가 누가 매를 잘 견디나 경쟁하던 날들은 시대의 룰이자 사회 코드가 되어 아이들을 아우슈비츠로 실어날랐지. 그러나 욕창 위에 자라난 사람이 학교 밖에서 마주한 것은 개인적 디아스포라. 통념에 겁먹지 않는 개별적 의식. 청춘이 도자기처럼 부서져가도 로큰롤 무법자 정신은 따로 날

뛰었다.

"가족들도 말릴 수가 없었어요. 속수무책이었던 거죠. 그러면서 나는 바깥으로 내쳐진 자, 소외된 자, 상처받은 자라는 정체성을 갖게 된 거죠. 이번 시집 앞부분에 보면 이상하게 배를 곯은 이야기들이 많아요. 근데 실제로 나는 살면서 그렇게 곯어본 경험은 없거든요. 그러니까 약간 상징이고 은유였다는 말이에요."

시간이 평평해진다. 그 말에 공감할 때마다 그의 매지점에 이편도 참여했다는 생각도 든다.

그때부터 그는 읽었다. 글자의 클라우드로 빨려 들어가듯 도서관의 모든 책을 읽었다.

"카뮈나 사르트르 같은 실존주의 작가를 특히 좋아했어요. 뭐든 독서의 행위에는 약간의 지적 허영이 개입해요. 어려운 책들이잖아요. 남들이 가는 대학을 안 다녔기 때문에 나한테 이런 지적 능력이 있다는 것을 과시하기 위한 것도 있었고. 그때 그걸 내가 이해했다곤 말을 못해요. 그러나 열아홉 살 때 읽은 니체의 영향은 평생 가요. 결국 출판사를 시작하면서 그들의 전집을 만든 계기가 되었죠. 스무 살 때는 랭보나 말라르메, 발레리 같은 상징주의 시인들을 열심히 읽었어요. 철학자 바슐라르도 아주 좋아했어요. 한국 시인으로는 김수영과 고은. 그리고 지금 좋아하는 작가는 마쓰이에 마사시.《여름은 오래 그곳에 남아》를 너무 좋게 읽었어요.《우리는 모두 집으로 돌아간다》도 읽었는데 3대 이야기는 조금 지루하더라고요. 너무 광대한 시간을 압축하다 보니까. 그런데《여름은 오래 그곳에 남아》는 정말 여름에 읽으면 너무 너무 행복한 소설이죠."

'너무 너무'라는 부사가 덩달아 나를 행복하게 만든다. 꼭 헤르만 헤세의 시 안에서 화염에 불타오르는 소년 소녀처럼.

"내가 세상의 질서에 순응했더라면 평범한 소시민이 되었을 거예요. 아마 은행원이 되고 착실하게 적금을 넣는 가장이 되었겠죠. 적당히 책을 좋아하고 고전 음악을 듣는 소지식인 소교양인의 삶에 만족하며 살았겠죠. 그렇지만 그게 행복감이나 만족감을 주지는 못했을 거예요. 끊임없이 세상과 부딪히면서 내 모서리들이 깎이고 부서지고 둥그레지는 느낌들이 시적인 재료가 되지 않았을까."

세상의 어떤 직업군이 그에게 맞았을까. 시인 종족에게 어울리는 꿈의 형태는 무엇이었을까. 설사 시가 그의 출구가 못 되었다고 해도 그가 보험 영업사원이나 여행사 직원이 되진 못했을 것이다. 그는 유리 뒤에서 시로 착상된 아기를 포대기에 싸선 매일 우리에게 보여주고 있으니까.

시인은 신이 말을 걸어주는 자라고 한다면, 그가 종국에 알고 싶은 것은 신이 그에게 주의를 기울일까, 일 것이다.

"시마(詩魔)라는 게 있어요. 시의 신과 접신하는 거죠. 그러나 나는 시마가 찾아온다고 해도 거절할 거라고 했어요. 당신 도움 필요 없다. 내 걸 쓰겠다."

2009년 가을, 그의 〈대추 한 알〉은 광화문 교보문고 글판에 걸렸다. '저게 저절로 붉어질 리는 없다/ 저 안에 태풍 몇 개/ 저 안에 천둥 몇 개/ 저 안에 벼락 몇 개…' 하이쿠마냥 짧은 시의 압축적 폭발력은 몇 개의 가을이

지나도 수그러들지 않았다. 사람들은 그렇게 그 감정의 일부를 나눠가졌지만 그는 혹시 〈대추 한 알〉에 쏟긴 갈채가 시인의 고결함이며 자체의 성분을 떨어뜨린다고 여기지 않을까?

"내게 우연히 주어진 행운이라고 생각해요. 네가 이렇게 열심히 썼으니까 그래, 너한테 선물 하나 줄게, 하고 준 게 아닐까. 그 이상의 의미 부여는 안 해요."

* * *

도표 위에 새긴 시의 모범은 현실적인 실루엣을 띠지 않았다. 시인과 평론가 외에 그가 가담한 세속적인 영역은 열거하기도 힘드니까. 그건 보다 넓은 범위의 요청과 같으니까.

"내가 시라는 장르 하나에 훨씬 집중했다면 지금보다 더 뛰어난 시를 썼을지도 몰라요. 그런데 그게 내 본질은 아니라고 생각해요. 내 본질은 조금 더 총체적인 것. 세계를 끌어안는 것. 나는 기본적으로 세계와 우주에 대한 호기심이 너무 많아요. 왕성한 지적 호기심이 책 읽는 행위로 나타났고, 그러다 보니까 문학에서 끝나지 않고 우주 과학에서 뇌 과학, 생물학까지 굉장히 스펙트럼이 넓어요. 그런 그물로 세계를 포착하고 그것을 시가 아닌 장르로 표현해요. 나는 내가 쓰는 산문이나 비평도 시만큼 소중하다고 생각해요. 산문 한 줄도 시 한 편 못지않죠. 산문에 대한 애정이 깊죠."

그의 프로필 가운데 정말 놀라운 것은 책을 100권 넘게 썼다는 사실이다. (그는 숫자를 정확히 세지도 못했다.) 문명의 서가에 자기 이름이 적힌 책을 100권 넘게 꽂는다는 것은 도대체 어떤 가치일까? 더 깊은 의미를 갈망하는 작가의 포부일까?

인문학적 그물망 속에서 그는 모든 단어를 조사하고 빈틈없이 각주를 달았다. 그리고 재잘거리며 튀어 나오는 현대 문화의 격류와 버무렸다. 분명한 것은, 우리는 한 시인의 인생과 작품의 정점을 공유하고 있다는 것이다.

"내 노동의 어떤 숭고함이 스스로 대견스러워요. 그

시간을 견뎌냈다는 게. 그 책 하나하나 쓸 때는 내 재능의 극한까지 나를 몰아서 쓴 거거든요. 시간이 지나고 나서 보면 그 재능이 사실 조금 미약한 것이었구나, 아직 창대함까지는 멀었구나 하는 느낌이 들지만 그때는 그게 최선이었어요. 그런 면에서 내 성실함과 견인력이 나 스스로 좀 대견스러워요."

항용 글쓰기를 노동이라고 부르지 않지만, 작가에게는 의무가 부과되는 강한 파이팅과 매일매일의 노동이 요구된다. 생산성이 드높던 한창 때 그는 하루 여덟 시간씩, 1년에 원고지 5000, 6000매를 썼다.

"거의 글 쓰는 기계처럼 썼어요."

절로 쓰여지는 펜이라도 있지 않는 한 하얀 종이에 까만 글씨는 목숨의 대가 아닌가? 매일 출근하는 사무원마냥 빽빽한 규칙으로 써내려가던 오르한 파묵처럼 자기만의 비트로 일정량의 글을 쓰는 것은 숙명적인 작가들의 루틴이라지만, 그가 자의적으로 택한 고초는 너무 비인간적이라서 차라리 피학적으로 느껴진다.

"컨디션이 좋을 때 노트북을 켜고 첫 문장을 쓰기 시

작하면 바로 몰입 상태에 들어가요. 온 오프가 바로바로 전환돼요. 쓰고 있는 동안은 작가지만 펜을 내려놓는 순간 작가가 아닌 거예요. 쓸 때와 쉴 때의 간극에서 뭘 하고 있느냐를 보면 그 사람을 알 수 있어요. 작가는 다음 작품을 준비하고 있어야 돼요. 완전히 쉬고 있다? 일종의 직무유기 혹은 직업윤리의 실종이라고 생각해요. 매일 써야 한다는 각성은 전업 작가로 살아가기 위해 반드시 필요하다는 생각을 했어요. 이렇게 일하지 않으면 수입은 없는 거니까. 헤밍웨이는 아침 여섯 시에 눈을 떠 타자기 앞에 앉아 정오까지 썼거든요. 그리고 좋아하는 낚시로 자기 보상을 해요. 그만큼 일했으니까 제일 좋아하는 일을 자기한테 허락하는 거예요. 무라카미 하루키도 매일 7킬로미터를 달리고 한 시간 수영하고, 아침과 오후 두 번에 걸쳐서 글을 써요. 글쓰기에는 반드시 체력이 보장돼야 해요. 다행히 30대에 10년 동안 거의 매일 수영을 했어요. 엄청난 체력을 저축한 거예요. 지금은 근육도 많이 소실돼서 산책도 무리하게 하지 못하지만, 50대까지만 해도 아홉 시 뉴스도 못 보고 잠이 들고,

불면이란 걸 몰랐어요. 새벽 네 시면 눈이 떠졌어요. 지금은 수면 패턴이 많이 어지러워졌고 잠을 잘 못 자요. 저는 나이 들면서 술을 거의 안 마셔요. 1년에 한 서너 번? 술을 마시면 전혀 일을 못해요. 새벽에 일어나기 힘들고 그러다 보니까 사람을 거의 안 만나요. 오랫동안 저녁 술자리에 불려나가는 일이 끊어져버렸으니까 같이 술 마시는 친구가 없죠."

어떻게 보면 글쓰기는 감정적인 방식으로 구축되는 일 같다. 잠도 휴가도 허용되지 않고 항상 몰두해야 하니까. 그는 생활의 필요를 글 쓰는 직업과 어떻게 결합할지 진작에 알았다. 그래서 그가 스스로 '문장 노동자'라고 묘사할 때는 쓴다는 묽은 허세 대신 노동의 형형함만이 어른거린다. 글을 쓰는 일은 약속. 논쟁을 약속하고 관점을 약속하는 일. 그러나 솔직히 작가에게 쓰지 않을 때만 한 행복이 있을까? 의자에 앉는 것만으로도 추간판이 탈출할 듯 사지가 뒤틀리는데.

"쓰지 않을 때가 굉장히 행복해요. 그냥 아무것도 안 하는 게 보상이에요. 무위의 상태. 더 적극적으로 뭘 한다면 음악을 듣는다든지, 혼자 파주의 둔덕 같은 작은 산길을 한없이 걷는다든지, '카메라타'라는 음악 감상실에 가서 황인용 씨가 틀어주는, 고성능 스피커에서 나오는 고전 음악을 들어요. 20대 때 많이 듣던 바하, 베토벤, 차이코프스키."

확실히 고양이 같은 면이 있다. 잔잔한 경계성, 자기 중심의 우아한 정서, 그리고 정말로 지속될 것만 원하는 단호함. 그렇지만, 기쁘면 기뻐서 마시고 슬프면 슬퍼서 마시는 리듬의 세상에 술 없이 어떻게 살 수 있을까?

"철학적으로 정제된 사회를 담은 책을 쓰고 싶어요. 예를 들어서 사소한 주제들. 잠, 피로, 일, 이런 것들에 대한 깊은 철학적 사유가 담긴 책. 결국 돌아오는 원점은, 인간이란 무엇인가, 그거거든요. 더 좁히면 나란 무엇인가. 죽음도 그 일부가 되겠죠. 근데 우리가 날마다 경험하는 잠이 매일의 죽음인 거죠. 놀라운 것은 이런 생각들을 많은 뛰어난 사람들이 이미 했다는 거예요. 롤랑바르트 책을 읽다가 깜짝 깜짝 놀라요."

때로 시인은 문장 기호를 무시하고 어딘가에 언어의

공장을 짓는 사람 같은데, 어떤 때 그의 문장은 너무 정밀해서 차라리 무정해 보인다.

"나의 쾌락은 사과 한 알에서 찾는 티 스푼 두 개쯤의 분량. 나의 행복은 소유가 아니라 경험. 그리고 경험의 빈도. 옥수수가 자라는 것. 화초 잎에 빗방울 떨어지는 소리에 귀 기울이는 것. 가을 산책로에서 도토리가 내 머리통을 때리는 것."

뭔가 원하는 답을 들은 것 같았다. 그것이야 말로 참된 럭셔리 아닌가.

* * *

이젠 언어를 믿을 수 없다. 단어는 거짓말. 말은 표면을 장식하는 조개. 납으로 만든 품사. 인식을 반박하는 장송곡.

가끔 시인들은 분명 유령일 거라는 생각이 든다. 왜냐하면 시는 예전처럼 현실을 추동하지도 않고, 혁명 한 톨 보여줄 기색도 없으니까. 언어가 천박해졌다는 혐의

장석주   287

에도 다들 신경 쓰지 않는다. 그 천박함을 사랑하기 때문에.

시의 오랜 표준이 무너지고 고매한 헛소리가 사면초가로 뒤덮일 때, 시의 매혹이란 의도적인 무기력의 정서로나 지탱되는 것만 같다. 어떤 시는 증조할아버지처럼 미치도록 현명한 소리나 읊는데, 읽는 사람도 사멸 직전인 갈라진 틈에서 시를 이야기하기란 얼마나 공허한 일인가.

"나도 매번 그런 생각이 들어요. 그래서 그런 자의식과 끊임없이 싸워야 돼요. 김현은, '문학은 그 아무 짝에도 쓸모없음을 쓰는 것이다'라고 했어요. 그 쓸모없음을 쓰는 게 문학이다…. 사실은 장자가 한 말이거든요. 무용지대용(無用之大用). 쓸모없음의 큰 쓸모. 사람들이 1000년 동안 거들떠보지도 않았던 나무가 거목이 되어 꼭대기가 하늘에 닿는데, 그 그늘 아래 소 네 마리가 끄는 마차 천 대가 들어갔다…. 장자는 칡 나무를 가꾸는 정원의 말단 공무원이었어요. 지금으로 말하면 별정직 9급. 나무 박사거든요. 숲과 곤충과 새의 박사. 자기가 제일 잘 아는 상징으로 비유를 들었죠."

흩어지고 합쳐지는 그의 언어는 보풀이 일기도 하고, 늘어져 대롱거리기도 한다. 그리고 하나로 설명할 수 없으면서도 절대적으로 옳다고 믿게 만드는 상승감.

한편, 독서불능증의 세상에 책 4만 권 장서가의 고통은 그 책을 다 읽을 시간이 평생 없을 거라는 공포 대신 보다 실제적이었다.

"책을 한없이 버렸지만 지금 남은 게 3만 권이에요. 이걸 다 버려야 되나, 하는 게 현실적인 고통이에요. 그리고 나이가 들면서 자연스럽게 삶을 정리하는 문제···. 갖고 있는 것들을 더 비워야 좀 가볍게 떠날 수 있는데 가진 게 너무 많은 거죠. 버거워요, 갖고 있는 게. 어느 시점에서는 쓰는 일도 손에서 놓아야 된다고 생각해요. 그때는 정말 깊은 고요와 무위의 상태 속에서 살다가 조용히 사라지는 거죠···. 코끼리들이 그렇죠. 새들도 실험실 마루타가 죽는 것처럼 갑자기 죽어요. 사고로 죽지 않고서는 우리가 새의 죽음을 볼 수가 없거든요. 조용히 사라지니까."

장석주   289

뉘앙스의 깊이 때문에 그 말은 현명한 양피지에서 들리는 것 같았다. 잘게 떨어지는 먼지로 시간을 재는 모래시계 또한 먼지로 돌아갈 것이다. 어느 때가 되면 산속으로 들어가 아무도 모르게 구름처럼 사라지는 것. 그렇게 스스로 끝을 마주하는 특권. 그 순간, 만물에 대한 공허한 인식이 아니라 슬픔 없는 비애의 감각을 느꼈다. 그러나 찰나에 깃든 신호를 낚아채는 재능이 없다면 인생이 무슨 의미가 있단 말인가.

우리는 일용할 양식을 기다린다. 현실을 부정하며 인식의 돌올함만을 강조하는 위선의 제스처가 아니라 불가해함을 그 자체로 받아들이는 언어를.

그는 5초 동안 천장을 올려다보았다.

"살면서 내가 잘한 일은 내가 서 있는 위치에서 내 책임을 다하려 했다는 것, 그리고 아직 부족하지만 원 없이 글을 썼다는 것. 그러나 돌이켜보면 세상과 싸우려는 용기가 부족했고, 세상을 바꾸려는 용기가 내 기준에 못 미쳤다는 것. 그것이 아쉬움이고 회한이죠."

점성이 없는 목소리는 물처럼 맑았다. 삶의 채무감

을 건드릴 때 의례적으로 등장하는 강박이 비워졌기 때문에.

"찰나는 우리가 경험하는 유일한 영원이에요. 찰나를 누리지 못하는 사람은 인생에 아무것도 누리지 못해요. 그러나 인생은 엠프티 보트. 빈 배. 인생이 고통스러운 건 욕망과 생각이 많기 때문인데 그걸 비우면 평화롭죠. 장자에 나오는 이야긴데, 빈 배에 사람이 타고 있으면 왜 부딪치냐고 화를 내지만 빈 배는 아무 소리도 안 하죠. 화를 내는 건 배의 주인이 나라는 얘기니까. 그러니까 빈 배 자체가 되어 물결의 흐름 속에 자기를 맡기고 유유자적 흘러가는 것. 무위…. 모든 인간은 죽고, 죽음이란 우리가 결코 경험할 수 없는 무한으로 들어가는 거죠. 모든 건 사라져요. 인간이라는 게 참 허무한 존재죠. 무위는 허무보다 조금 높은 단계. 허무의 긍정성을 섞어서 만든 것. 저는 무위의 상태를 누리다가 떠나면 좋겠어요."

그는 이렇게 말하는 것 같았다. 이 모든 이야기가 어디에서 시작하는지 말할 수 없어. 어디에서 내 것이 끝나는지 말할 수 없어. 그러나 불평하지 않을 거야.

저녁 여섯 시, 아직 잎을 매달고 있는 겨울의 노란 불빛 속에서 그는 자꾸만 우주로 나아갔다. 소년은 옛날의 노스탤지어를 꺼내지 않으니까. 노스탤지어는 다 쓴 티슈에 불과하니까.

"우주 과학자는 우주가 암흑 물질로 채워졌다고 얘기해요. 우주에서 암흑이란 본 바탕이에요. 빛은 특이한 현상인 거죠. 원래는 캄캄해야죠. 근데 어느 순간 이상하게 빛이 나타나고, 인간들은 그 특이한 순간을 누리며 살고, 빛이 사라지면 또 이전으로 돌아가고…."

정말이지 우주의 끝 그 너머에는 무엇이 있을까. 결국 우주 끝으로 나아가다 보면 지금 내가 있는 곳으로 돌아오는 것 아닐까. 그의 언어는 회고조의 감상성으로 마비되는 대신 현재형으로 날아올랐다. 급기야 그는 시로 별을 짓눌러 대추 한 알만 한 블랙홀로 만들었다.

"은유는 시의 비장의 무기. 우주를 한 줄로 압축할 수 있어요."

함께 있으니 구름 한 조각에도 이야기가 있을 것 같았

다. 오늘 목격한 세상에 대해 뭐라고 쓸 수 있을까. 천천히, 천천히 저녁의 언어가 흘러갔다. 우리는 파스타 집에 앉아 겨울 빛이 남은 나무를 바라보았다. 어둠의 시그널은 진작에 퍼져 있었다. CG 같은 창 프레임은 교하의 검은 물을 몇 개 컷으로 나누었다. 마음속에는 오직 존재론적 레벨에서 소년기를 간직한 사람을 보는 순진한 기쁨만이 가득했다.

얼음의 꽃

차준환

"저는 항상 대범한 편이에요. 뭔가 자신이 없을 때 소심해지지만 그래도 결국 대범해져요. 소심한 게 도움이 되지 않기 때문에."

차준환을 인터뷰하는 날 아침, 유튜브에서 알렉세이 야구딘의 '아이언 마스크' 영상을 보았다. 나는 더러 예브게니 플루셴코나 하뉴 유즈루도 그 전성기에 못 미친다던 야구딘의 연극적이고 마술적인 탈인간급 스텝에 차준환을 대비시켰다. 그런데 어쩔 수 없는 속인주의 마음 때문인지는 모르겠으나 차준환의 스텝이 오히려 유려해 보였다. 기술적인 잠재력은 더 여지 있고, 몸의 궤적이 만드는 선은 못 보던 모더니티를 뿜어내고 있었다. 객관적인 평가는 아니었다. 야구딘과 차준환은 세대가 어긋나 있고 커리어도 다르니까. 곧 공통점을 찾았다. 기술로부터 소외된 예술 피겨를 다른 관점으로 보게 만들었다는 것. 그리고 똑같이 즐거운 의구심을 주었다. 어떻게 예술과 스포츠가 같은 말일 수 있을까?

6월의 냉혹하고 스릴 넘치는 오전에 차준환을 만난다는 것은 모든 가치가 시들해진 요즘, 얼음 같은 명쾌함을 꺼내보는 것과 같았다.

경기도 구리시 태릉 실내 빙상장 근처의 투썸플레이스 2층. 차준환은 라파엘 전파의 그림에 나오는 소년의 복슬복슬한 얼굴로 들어와 햇빛이 야멸차게 들어오는 창가 자리에 앉았다. 정확히 말하면 그 아기가 다이어트한 모습과 닮았다. 느슨한 청록색 저지 티셔츠와 무릎까지 내려오는 까만 반바지. 플루첸코의 어렸을 때 모습처럼 수북한 도토리 머리는 펌 한 지 일주일도 안 돼 보였다. 미국 애너하임에서 세련 본 안무가하고 베이징 올림픽 시즌을 위한 쇼트와 프리 프로그램을 완성하고 돌아와 자가 격리를 거친 지 한 달 반 남짓 되었을 때였다.

목동 실내 아이스링크에서 오전 훈련을 마치고 온 차준환은 인터뷰가 끝나면 다시 태릉 실내 빙상장으로 가야 하는 일정이라고 말했다. 플레이어는 필드 위에서, 스케이터는 링크 위에서.

"오랜 시간 캐나다에서 훈련하다가 코로나 터져서 한국에서 장기간 혼자 훈련하고 있는데, 초반에는 좀 헤맸어요. 나름 새 환경이니까. 훈련은 아침 여덟 시에 시작해서 저녁 여덟 시쯤 끝나요. 일요일은 보통 쉬는데, 공원 같은 데서 달리기도 하면서 지상 훈련에 매진하고 있어요. 때로는 레전드 선수도 훈련을 즐기지 못한다는데 저는 항상 즐기는 것 같아요. 훈련을 할 때 힘든 만큼 뭔가 해내고 있는 것 같아서 행복해요. 몸을 자꾸 쓰다 보면 지칠 때가 있지만 그럴 때도 계속 연습해요. 어느 정도 피로도가 넘어가면 오히려 피곤이 덜한 것 같아요."

까만 덴탈 마스크 속에서 털실 같은 저음이 들렸다. 위대해지기 위해 고난을 감수하는 바이올리니스트처럼 온통 얼굴을 찌푸리고, 발목에 모래주머니를 매단 채 퍼그 강아지 두 배로 숨을 몰아쉬는 이들 사이에서 훈련이 즐겁다는 운동선수는 태어나 처음 보았다. 진피까지 익는 더위 아래 구소련 선수의 끝없이 잔혹한 인생처럼 들기만 해도 세포가 식는다.

"인터뷰에서 갑자기 제 입으로 이런 말 하기 좀 그런데, 미국에서 훈련할 때 거기에 계신 다른 코치들이 저한테 스케이팅을 즐기는 것 같아서 너무 좋다, 그게 진정한 피겨 스케이트의 매력이다, 이러시는데 되게 기분이 좋더라고요."

그 강인하면서도 쾌활한 낙천성은 그가 점거한 이 연약한 서식지에 썩 어울리는 것 같지 않았다, 처음에는. 그러나 우선은 여름을 헤엄치는 소년의 천진한 건강함이라 부르기로 했다.

그동안 차준환의 안무는 쭉 데이비드 윌슨이 맡았는데, 이번 시즌은 셰린 본이 두 개의 쇼트, 프리 프로그램에 참여했다.

"이전 제 프로그램을 짰던 데이비드 윌슨의 안무는 좀 더 전통적인 편이고, 물 흐르듯 자연스러운 표현이 굉장히 장점인 것 같아요. 셰린 본은 좀 더 불규칙하지만 아주 현대적이에요. 저는 워낙 클래식 음악을 많이 해서, 마음 가는 대로 표현하는 셰린 본의 변칙적인 요소들이 신선하더라고요. 저는 무용 베이스 훈련도 많이 해서 다른 장르의 댄스에서 더 에너지를 얻어요. 셰린 본은 저에게 아주 많은 선택지를 주시고, 한 파트에 음악과 가장 어울리는 동작을 만들기 때문에 굉장히 순조로웠던 것 같아요. 데이비드 윌슨이나 셰린 본, 두 분 다 레전드 안무가들이지만 굉장히 달라요. 저는 두 스타일 다 좋아하는데, 개인적으론, 최근에 셰린 본과 뭔가, 좀, 더 마음이… 뭐라 하지? 마음이 더 잘 맞았던 것 같아요."

소년이 어깨를 긁다가 가슴을 살짝 젖힐 때 실버 체인 목걸이가 비스듬히 기울었다. 부사를 주어 앞에 쓰는 화법, 대답을 고를 때 "아, 뭐라 하지?" 하며 혼자 묻는 습관, 모든 어미가 "같아요"로 일관되는 이 세대의 보편 어투가 시작부터 온순하게 작렬하기 시작했다.

* * *

가끔 통계를 이기는 플레이어가 나타난다. 그러나 방금 전 만화에서 빠져나온 것 같은 사나이는 피겨 스케이팅

인프라와 체계가 부족한 국가에, 그것도 겨울처럼 굶주린 국내 남자 피겨 싱글 부문에 어리둥절한 행운처럼 나타났다. 아니, 그냥 자기가 알아서 하늘에서 툭 떨어졌다. 이 비적응적 돌연변이는 (머리에 꽃을 꽂은 오필리어 포즈로) 행성에 단 한 명의 피겨 선수만 바라보라고 포효하는 하뉴 유즈루의 필사적 위풍당당함과 비장한 나르시시즘, 멋진 사립학교 남학생이 무도회에서 보여주는 것 같은 네이선 첸의 매끈하게 닦인 안무와 가공할 점프 사이에서 기술적으로든 예술적으로든 혼란스러운 생물체로 존재하고 있었다.

매 시즌 무수한 삼투압 과정을 거친 차준환의 프로그램들은 그 자체로 기록이 되었다. 지금도 신기한 주니어 세계신기록, 국제빙상연맹(ISU) 공인 대회 최연소로 뛰었던 4회전 점프, 29점 차이를 뒤집으며 참가했던 평창 올림픽, 대만민국 남자 피겨 최초의 그랑프리 파이널 동메달, 그리고 2021년 3월, 스웨덴 세계선수권에서 확보한 베이징 올림픽 출전권 두 장. 파란을 일으키고 드라마를 만드는 스타성은 아무나 갖는 것이 아니다.

차준환은 2020년 서울에서 열렸던 4대륙 선수권이 가장 기억에 남는다고 말했다. 그때 프리 프로그램은 '더 파이어 위딘(The Fire Within)'. 그의 프리 경기 순서는 다섯 개의 쿼드러플 점프를 성공하며 살벌한 존재감을 과시한 네이선 첸 다음이었다. 네이선처럼 막강한 선수가 필생의 경기를 보여주고, 관중의 함성이 아이스링크를 찢을 때 차준환은 어떤 것에도 긴장하지 않는 듯 천연덕스럽게 클린을 했다.

　"저는 국내에서 경기할 때나 외국에서 경기할 때 딱히 멘탈이 달라지는 것 같지 않아요. 항상 비슷하게 하는 것 같아요. 저는 경기 때 저한테만 집중하기 때문에 그런 환호성에 크게 위축되지 않아요. 주니어 때는 다 들렸어요. 앞 선수가 되게 잘했나 보다. 그런데 막상 링크장에 들어가면 별 느낌이 없더라고요."

　차준환이 링크 한가운데에 서면, 다른 선수를 볼 때 같은 아슬아슬한 소용돌이가 그다지 느껴지지 않는다. 스스로 음악 자체가 되어 빙판을 미끄러질 때 피겨가 얼음 위의 겨루기라는 강박을 저만치 밀어두는 것 같아서.

선수가 일생을 바쳐 얻은 모습에 수고와 반복이 보이지 않고 모든 것이 구근처럼 저절로 딸려 나온 것 같은 느낌을 단순히 재능이라고 말할 수 있을까?

차준환은 손등을 위로 보이곤 평평하게 좌우로 흔들었다. 그날 점프 요소는 트랜지션의 흐름을 방해하지도 영향을 미치지도 않았다. 음악이 안무를 받쳐주듯 따라갈 때 스피드에 불이 붙고, 팔과 상체의 움직임은 음표의 높낮이에 착오 없이 달라붙었다. 요소마다 모듈처럼 쪼개지는 턴과 스핀과 스텝과 활강과 에지를 수행하는 사이, 두 개의 4회전 점프와 날렵한 메스로 긋는 듯한 착지.

"그 시즌 초반부에 제가 새로운 점프를 막 시도할 때여서 경기력이 많이 떨어졌어요. 그런데 후반부가 되면서 클린 경기를 했거든요. 그때가 기억에 많이 남는 것 같아요. 준비한 걸 다 보여줄 수 있어서."

그러나 그날 점수는 어이없도록 인색해서 보는 마음이 다 휑했다.

"저는 그날 경기에 만족하지만, 점수가 억울했다기보

다 좀 아쉬웠던 점은 있었어요. 그래도 그냥 제가 더 잘하는 수밖에 없다고 생각해요. 점수를 적게 준 심판들은 저에게 이런저런 보완이 필요하다고 말하는 것 같아요. 만약 가산점이 좀 적다거나 어느 부분 판정이 좀 그렇다면, 제 안에서 문제점을 찾고 지적받은 부분들을 완벽하게 보완해서 다음 경기에 보여주고, 또 계속 보여주는 수밖에 없어요. 그게 저를 위해서도 마음이 편할 것 같아요. 누군가를 탓하면 저한테 발전이 없다고 생각해요. 피겨는 평가를 받는 종목이고 제가 받은 점수표도 제 거기 때문에."

그것은 어린 나이에 풍화된 목소리가 아니라 알아서 성숙을 배우는 소년의 목소리였다. 승리는 선수가 아니라 심판이 고르는 것. 모든 시작이 자신이라면 끝도 고스란히 자기의 것. 나는 순간적으로 가열되는 정신적 차원을 느꼈다. 어쩌면 우리가 모르는 초연함일까. 부드러운 혹독함과 투정 없는 젊음이 목표하는 것은 무엇일까. 누군가의 사색을 끌어들여 생활의 잠언으로 인용하고 싶지 않았지만 앞으로 이 장면을 자주 떠올릴 것 같았다.

무엇보다 2018년, 캐나다 벤쿠버에서 열린 그랑프리 파이널을 꺼내지 않을 수 없다. 그때 차준환은 몇 번의 그랑프리 대회를 거쳐 피겨의 절대 강자 6인이 겨루는 결승전에서 동메달을 땄다.

"올림픽 시즌보다 어려운 구성으로, 새로운 점프와 콤비네이션 점프를 추가해서 나간 경기였는데, 연습 때만큼 만족스럽게 했어요. 개인적으론 아쉬움이 한 가지 있었어요. 그 전 대회에서 실수하지 않았던 첫 번째 4회전 토루프 점프에서 넘어지는 실수를 했어요. 한편으론 나머지 요소를 잘 마무리해서 전체적으로는 만족해요. 경쟁자를 이기기보다는 모험적인 시도를 했는데 좋은 평가로 마무리해서."

사실 그 대회 직전, 캐나다 오크빌에서 열린 어텀 클래식 인터내셔널에선 하뉴에 이은 은메달이었다. 적어도 프리 경기에서만큼은 하뉴 유주르를 3.31점 차로 이겼다.

"저는 그냥, 피겨스케이팅은 제가 할 거를 하는 게 가장 중요한 것 같아요. 다른 선수들 페이스와 저의 페이스가 다르기 때문에. 저는 아직 하뉴나 네이선 선수보다 기술적인 부분도 부족하고 경력도 경험도 그만큼 없지만, 그들의 페이스를 따라가다가 오히려 더 큰 부상이 생길 수 있기 때문에 쟤를 이겨야겠다는 생각보다는 저의 걸음에 맞춰 하나하나 밟아가고 싶다는 마음이 더 큰 것 같아요. 잘하는 선수들 경기를 볼 때는 와, 진짜 점프 잘 뛴다는 생각보다 프로그램의 조화가 너무 뛰어나고 완성도가 정말 대단하다는 생각을 해요. 그렇지만 경기 때는 저한테만 집중하고 제가 연습한 걸 더 믿는 편인 것 같아요. 그게 긴장이 좀 덜 되고 좀 더 차분하게 수행할 수 있게 해주는 것 같아요. 그 길이 그 나라를 대표해서 나온 선수로서의 자세에 맞는 것 같아요."

그는 다른 선수에게 관심 두지 않는다. 오직 자기의 관심을 상대할 뿐. 존경하는 선수를 적시하지도 않았다. 우상 따윈 필요 없다고 외치는 펑크 록 같은 마음 때문이 아니라 "레전드 선수를 워낙 많이 봐서."

180센티미터 키와 오묘한 신체 비율은 비교적 단구(短軀)인 피겨 스타들 틈에서 대나무처럼 솟았다. 은퇴한 188센티미터 에반 라이사첵이라면 모를까, 최상위 그룹에 포진한 네이선 첸, 카기야마 유마, 우노 쇼마, 하뉴 유즈루까지 모두 공중으로 그를 추격해야 할 판이다. 키가 작으면 중심 이동이며 축이 덜 흔들려서일까, 달라진 피겨 유전학의 문제일까.

"주니어 시절부터 4회전 같은 고난도 점프를 계속 시도했는데 당시에는 성장기라 몸이 커지면서 조금씩 흔들렸어요. 뭔가 조금만 달라져도 기술이 잘 안 됐어요. 제가 평균적으로 다른 선수들보다 키가 크지만 이젠 그것에 익숙해져서 오히려 장점이라고 생각해요. 더 시원시원해 보이는 동작들이. 사실 이젠 어쩔 수 없어요. 이미 키는 커버렸고, 제가 할 수 있는 건 큰 키를 이용해서 다른 스타일의 점프를 만드는 거예요. 높이와 비거리와 각도를 생각한 최적의 포물선으로 체공 시간을 늘리는 식으로. 가끔 공중에서 축이 휠 때도 있는데, 큰 문제는 아니에요. 랜딩하도록 노력하니까요."

그가 조심스럽게 말을 고를 때 오른손의 얇은 실버 체인 팔찌가 찰랑거렸다. 그는 한국 남자 운동선수들의 보통 심미안으론 적용할 수 없는 스타일 낙천주의자.

* * *

한편, 세계 피겨에 특이점이 왔다. 남자 피겨 선수가 드
릴 같은 4회전 점프를 두둑이 장착하지 않고는 시상대
에 영원히 오를 수 없다. 한 번의 점프 실수만으로 희비
가 엇갈리는데 누구는 회전수를 높여 4회전 악셀을 뛸
거다, 5회전 점프를 시도할 거다 하며 기염을 토한다. 여
자 피겨도 3-3 점프나 트리플 악셀이 워낙 난이도 높은
점프였는데, 알렉산드라 트루소바나 안나 쉐르바코바
같은 러시아 소녀 군단의 돌격 4회전 점프는 피겨를 점
프 서커스로 만들었다. (그러나 그 점프에는 약리학적 술책이
있었고, 소녀들은 순식간에 날지 못하는 대형 비둘기가 되어버렸
지.) 그래서든 아니든 피겨의 모든 요소가 쿼드러플 점프
를 위한 전채요리나 핑계로 보일 때도 흔하다. 사실 축
구의 공격과 수비처럼 점프도 법칙과 기술의 혼합에 의
존한다. 그런데 점프는 축구에서 공을 독점하는 것만큼
어렵다 하고, 에지를 면밀히 보는 러츠나 룹의 4회전 점
프는 익히는 데 1년이 걸린다 하니, 어떤 의미론 점프에

모든 것을 거는 선수를 나무랄 것도 없지 싶다. 그러나 점프 회전수가 피겨의 전부라면 음악을 왜 쓸까? 안무는 왜 하고, 의상은 왜 또 따진단 말인가? 차준환은 아랑곳하지 않고 방긋 웃었다.

"다른 선수는 막 4회전 악셀을 뛸 거다, 뭐 이런 얘기 하는데, 뭐 그러든지 말든지."

그러니 언제 5회전을 뛸 거냐고 만화 같이 물을 수 없다. 차준환은 다시 태평하게 말했다. "언젠가, 나중에, 먼 미래에는."

어떤 유보와 기회는 쌍둥이 같은 것. 소년이 자기 말에 수긍하듯 고개를 끄덕일 때 머리카락이 불쑥 솟았다. 앞머리를 내리면 살짝 미스터리하고, 점프할 때 뿔처럼 치솟는 스펙터클도 있건만, 얼굴이 안 보인다느니 답답하다느니 말도 많은 머리를 잘라 이마가 새콤하게 드러나 있었다.

"개인적으로 점프는 기술이지만 또한 예술의 한 부분을 차지한다고 생각하거든요. 원래는 피겨에 클래식 음악이나 발레 음악만 허용됐었잖아요. 그런데 지난 몇 년간 보컬이나 현대적인 음악도 허용되면서 예술적인 표현에서 많은 발전이 있었어요. 지금은 무언가 전체적으로 기술이 좀 더 발전하는 시기라는 생각이 드는 것 같아요."

그런데 차준환의 스케이팅에는 가끔 지적받는 몇 가지가 있다. 다른 점프를 뛸 때는 그대로 내달리는데 유독 트리플 악셀을 뛸 때는 누군가 망설임이라고 부르는 그것. 가속을 컨트롤한달까, 주저한달까. 점프 전의 도입 거리가 길어 그때마다 1초, 2초, 3초… 속으로 재다 보면 숨이 넘어갈 것 같다. 뛰기도 전에 왼발에 힘이 빠져 넘어지면 어떡하지? 제대로 착지했을 때조차 더러 회전수 부족 판정을 받고 뭔가 레벨 요건에 아쉬운 느낌이 드는 건 그래서일까? 안 해도 좋을 걱정까지 든다.

"트리플 악셀 뛸 때 제가 생각해도 망설임이 있는데, 저도 고쳐야 되는 부분 중 하나라고 생각해요. 사실 이 점프를 배울 때의 습관이 아직까지 남아 그런 타이밍으로 굳혀진 것 같은데, 쉽게 고쳐지지 않더라고요. 요즘은 도약까지 걸리는 길이와 시간을 좀 줄여보려고 점프 앞에 연결 동작을 넣는 편이에요."

그렇지만 모든 것이 정량화된 세계란 얼마나 잔인한가.

"물론, 좀, 뭐라 그래야 되지? 근력이 부족해서 그런 거라기보다는… 그냥 더 연습해야 될 것 같아요. 가끔 코치 선생님들도 '이건 괜찮았던 것 같은데 언더 판정을 받았네' 하기도 하지만, 이미 받은 거기 때문에, 다음에는 일말의 의심도 받지 않도록 하는 게 중요한 것 같아요."

그는 질문마다 "음…" 하며 입술을 모은다거나, 손으로 이마를 짚는다거나, 팔짱을 끼거나 하며 포즈를 보였다. 그리곤 거위처럼 파닥거리는 웃음.

* * *

현재 차준환이 안정적으로 구사하는 4회전 점프는 살코와 토루프. 솔직히 베이징 올림픽에서 쿼드러플 러츠며 룹 점프를 다 보고 싶지만, 그건 지나치게 한가로운 욕심.

"지금 아예 다른 쿼드러플 점프를 시도해서 리스크를 만드는 것보다 현재 가지고 있는 4회전 점프들을 좀 더 발전시키는 게 올림픽 시즌에 좀 더 유리한 전략일 것 같아요. 4회전 플립 점프도 계속 연습하고 있는데 보통은 성공시키기까지 그렇게 긴 시간이 걸리진 않지만, 그 점프를 프로그램에 넣어서 밸런스를 맞추는 시간이 굉장히 오래 걸려요. 선수들마다 개인 차이가 있겠지만. 제가 생각할 때는 뭔가 딱히 불편한 점프는 없는 것 같아요. 어느 정도 성공률이 나오는 쿼드러플 살코는 비거리나 착지한 뒤의 랜딩 플로우를 좀 더 발전시키고 싶고, 지금 연습하는 쿼드러플 플립도 오랜 기간 준비해왔기 때문에 어느 정도 완성도가 높으면 올 시즌, 프로그램 안에 소화하는 게 목표입니다."

다른 얘기지만 1초에 네 바퀴 도는 쿼드러플 점프는 체공 시간이 너무 짧아서 인간이 시각적인 동물이라는 걸 믿을 수 없다. 어떤 것일까? 근두운을 탄 기분?

"도약이 잘됐을 때의 4회전 점프는 찰나지만 약간 붕 뜨는 감각이 있어요. 공중에서 잠깐 멈췄다가 떨어지는 느낌? 비거리가 멀리 나오는 점프랑, 높이가 더 나오는 점프랑은 느낌이 달라요. 뭔가 4회전 점프를 뛰려고 하면 힘이 좀 많이 들어가고 타이밍도 더 안 맞아 제시간에 도약하지 못할 때가 많아서, 그냥 3회전이나 4회전이나 똑같은 마음으로 뛰려고 해요. 두 점프 다 느낌은 다르지만 결국 비슷하다고 생각하니까요."

정작 차준환은 비점프 요소에서 가진 패가 아주 많았다. 점프 사이사이를 채우는 기술 요소에서 늘 최고 레벨 4를 받는 코레오 시퀀스며 스텝 시퀀스야말로 차준환 피겨의 성격. 강철꽃 같은 상체의 움직임, 움직임과 움직임 사이의 이음새 없는 선. 머릿속에 그린 궤적이 아무리 물결쳐도 기술 수행 능력이 모자라 그 요소를 해낼 수 없다면 무슨 소용인가. 세부는 중요하다. 신은 작은 것에 머문다고 하니.

'더 파이어 위딘'에서 말 그대로 성층권의 이나바우어를 선보였을 때, 두 팔을 벌린 채 등을 뒤로 젖히는 순간은 드가 그림 속에서 남자 발레리나가 걸어 나오는 것 같았다. 그야말로 유기체적인 매혹이랄까. 정확히 에지를 타다가 우아한 체념 상태로 활공하는 순간, 뒤가 터진 셔츠는 오페라 코스튬과 같아서 이나바우어나 격정적으로 펼쳐지는 프레이즈 부분에 길고 긴 여운을 만든다.

"스텝 시퀀스는 상체 움직임에 좀 더 신경을 많이 쓰고, 코레오 시퀀스는 더 많이 움직이면서 이나바우어 같은 예술적인 기술을 넣어서 음악의 최대치를 표현하려고 해요. 그전까지는 이나바우어 들어갈 때 왼쪽 심판을 보다가 다시 오른쪽 심판을 보면서 끝냈는데, 어떻게 하면 더 특색 있게 할까 고민하다가 고개를 뒤로 그냥 넘기지 말고 한 바퀴 돌리는 것처럼 왼쪽을 보자, 사람들에게 여운을 남겨주자 하는 마음으로 다시 만들었는데 음악이랑 매치가 너무 잘됐어요."

얼음에 도형을 그리는 기하학에는 수천의 팔과 수만의 눈동자가 필요한 것일까. 빙판 구석구석까지 가보며 면적을 넓게 쓰는 선수를 볼 때 이 편이 할 수 있는 일이란 입을 벌리고 해설을 덧붙이는 일에 지나지 않는다.

세상은 언제나 두 얼굴을 가지지만, 스포츠의 양면성이 가장 적어 보인다. 스포츠가 정교해질 땐 예술적인 경험을 만든다. 최고의 찰나에는 철학적인 논쟁도 부를 것이다. 그리고 프로그램 마지막의 콤비네이션 스핀. 그 자체로 메시지가 되는 손가락으로 천장을 펜 듯 모터보다 빨리 회전하는데, 어깨는 핀으로 공중에 매인 채 온전히 축을 유지한다. 원뿔처럼 넓어지거나 지그재그로 비틀대지도 않고. 곧 오른손은 가슴에 두고, 왼손은 펼친 상태에서 상체를 뒤로 젖히며 빠르게 도는 레이백 스핀은 그대로 엔딩 크레딧이 되었다.

"원래는 마지막에 다리를 잡고 머리를 올리는 헤어 컷 스핀을 했는데, 평창 올림픽 선발전이 끝나고 막 그랑프리 나갈 때 손목에 금이 간 다음부터 그 스핀을 못하게 됐어요. 업 라이트 스핀은 똑바로 서서 제자리에서 도는 건데 그걸 뭘로 대체할까, 고민하다가 레이백 스핀을 연습했어요. 스피드도 나쁘지 않고, 또 보통 남자 선수들이 레이백 스핀을 많이 하지 않기 때문에 저만의 시그니처 스핀이 될 것 같았어요."

차준환은 심지어 김연아가 고안한 유나 스핀까지 구사한다.

"유나 스핀은 레벨 4를 받기 위한 관문 중 또 한 가지 요소이기도 해요. 저에게는 엄청 어렵지는 않은 기술이지만 다른 선수들은 꽤 어려워하더라고요. 보통 상체 회전만 들어가는데 유나 스핀은 동시에 다리 모양까지 변형시키거든요. 그런 부분들이 좀 더 아름답기도 해서 가산점 부분에 좀 더 유리하지 않나 싶어요."

그렇지만 인간이 시계 장치처럼 돌면 우주가 거꾸로 쏠리지 않을까?

"지금도 스핀을 하면 어지럽지만 익숙해지다 보면 회복 속도가 빨라져요. 스핀을 할 때는 눈을 뜨고 있어서 시야가 다르게 보이는데, 한 자리에서 도니까 일정한 패턴이 보여요. 그걸 보면서 세다 보니까 회전수를 잘못 세기도 해요. 그래서 8회전 돌아야 하면 한두 바퀴 더 회전하려고 해요."

차준환에겐 음악을 몸으로 표현하는 선수라는 현실적인 정의가 따른다. 음악을 몸에 싣고 기술적 숙련도에 따라 안무를 펼치다가, 형태 없는 음표에 색채를 입힌 뒤 박자에 꼭 맞춘 낙하 속도.

"음악을 정말 많이 듣는 편이긴 한 것 같아요. 이번에 프로그램을 만들러 미국 갈 때도 비행기 안에서 계속 음악을 들었어요. 진짜로 이번 프로그램을 짤 음악만 들었어요. 뭐라 해야 되지? 음악을 듣다 보면 항상 두드러지는 부분을 더 돋보이게 해주는 베이스 음들이 있어요. 전 그런 것들을 찾아서 듣는 거 굉장히 좋아해요. 자주 듣다 보면 여러 가지 음들이 쌓여서 결국엔 음악이 완성되더라고요. 그래서 큰 비트에만 신경 쓰지 말고 밑에서 깔리는 음에도 동작을 섞으면 좀 더 잘 표현할 수 있지 않을까."

그 말조차 음악적으로 들락날락하고 있었다.

"가끔씩 정말 이렇게 확 꽂히는 음악이 있어요."

차준환은 두 손을 모으며 자꾸 설명했다.

"개인적으로는 링크장 위에서 크고 풍부하게 울려 퍼지는 사운드를 좋아해요. 사실 제 프로그램 음악 대부분을 그런 이유로 골랐는데 대표적으로 하나씩 꼽으면, 어렸을 때 클립으로 본 '흑조' 마지막 장면에서 무용수들이 무대를 연출하는 걸 보고 되게 매력을 느꼈어요. 또하나, 셰린 본과 처음 작업한 '로미오와 줄리엣'은 언젠가 꼭 한번 써보고 싶었거든요. 근데 제가 생각한 '로미

318

오와 줄리엣'은 좀 더 서정적인 음악인데 셰린 본이 편 곡해 온 것은 제 생각과 전혀 다르더라고요. '로미오와 줄리엣'의 현대판 같아서 되게 신선하고 매력적으로 다 가왔어요. 피겨는 아무래도 음악과 조화를 이루다 보니 까, 영화 음악 OST를 사용할 때면 뭔가 그 캐릭터를 연 기하려고 해요. 그래서 피겨 스케이팅에 기술과 연기의 조화라는 말을 가끔씩 쓰지 않나요?"

* * *

스포츠 선수가 가져야 하는 미덕은 무엇일까? 다른 선 수들은 절대로 가질 수 없는 강인함일까? 누구도 따라 올 수 없는 업적을 남기는 것? 아이스 아메리카노를 다 마시고 나니 논리를 넘어서는 세상이 기다리고 있었다. 상식에 반하는 의외성이.

"첫 번째 점프나 중간 점프에 실수가 나왔다고 해도 거기서 끝이 아니에요. 실수에 사로잡혀버리면 나머지 것까지 다 망치는 거잖아요. 실수는 아무리 연습을 많이 해도 나올 수 있어요. 실수가 나와도 그건 이미 지나간 거고요. 그 뒤에도 아직 남은 것이 많기 때문에 그것들을 잘 수행해내는 게 저에게 이득이고 최선이에요. 어떤 때 점프 실수가 예상치 못하게 계속 나와도 당황하기보다 심호흡을 하고 연습하듯이 이어가려고 해요. 그게 다음 점프에 지장을 주지 않아요. 오히려 남은 것을 다 해내는 게 제일 중요해요. 저는 안 좋은 일이 있어도 기분 좋은 상태로 돌아가는 바운스 백이 잘 되는 편이에요."

실수는 항상 보상으로 돌아올까? 낙담을 냉동시켜 바라보는 그 습관은 어디서 왔을까? 카스텔라 같이 부드러운 얼굴 뒤로 저 방패 같은 가슴은?

"저는 항상 대범한 편이에요. 뭔가 자신이 없을 때 소심해지지만 그래도 결국 대범해져요. 소심한 게 도움이 되지 않기 때문에."

스스로 행사하는 노인의 지배력과 소년의 카리스마. 어릴 때 운동을 시작한 선수들은 다 똑같이 타인과 말하는 법을 모르는 줄 알았다. 그런데 지금, 작은 지혜의 파랑(波浪)이 주위를 빨아들이며 몸을 불리고 있었다.

그래도 엄청 긴장했던 경기는 있었다.

"처음 세계선수권 나갔을 때. 그해 여러 가지 이유로 굉장히 경기에 많이 나갔어요. 시즌 초중반까지 좋은 결과를 계속 이어나가다가 세계 선수권은 거의 그 시즌 열한 번째 대회였는데, 당시에 컨디션이 너무 안 좋기도 했고, 또 부츠 문제도 있어서 갑자기 사이즈가 막 바뀌고 그랬어요. 제가 유독 긴장했던 이유는 컨디션 난조와 함께 경기를 준비하면서 온전히 제가 만족할 만큼 연습을 많이 못해서였어요. 부상도 있었고, 저 자신에 대한 자신감이 좀 떨어졌나 싶지만, 그렇게 티를 많이 내는 편도 아니고. 사실 제가 빙질에 적응하는 데 조금 시간이 걸리는 편이라서 해외 시합에 나가면 첫날 경기에 좀 망설이는 편이에요. 그래서 많이 실수를 하는 편이지만 어느 정도 적응이 되면 그렇게 크게 영향은 없는 것 같아요. 그래도 경기 끝나고는 항상 홀가분해요."

경기를 위해 아무리 많은 스태프들이 합세해도 그 순간 얼음 위에 버려진 선수의 고독.

"제 순서가 되면, 앞 선수 점수 발표 기다리며 자세

도 한 번씩 잡아보고 감도 되살리다가 이름이 호명된 후에는, 경기 시작까지 굉장히 짧은 시간이잖아요. 그때는 뭔가 깊은 생각보다는 심호흡 크게 하고, 그냥 연습했던 나를 믿고 이 순간 후회 없이 무조건 앞만 보고 간다, 이런 생각을 해요. 빙판에서 경기를 하는 건 저 혼자지만 링크 사이드에 저희 코치도 있고, 심판도 있고, 여러 방향에 관중도 있기 때문에 고독하다고 느끼진 않아요. 그래서 뭔가 저의 에너지를 전달해주고 싶어서 프로그램을 짤 때, 첫 번째 점프가 왼쪽 전방으로 가면 그 다음 점프는 오른쪽 후방으로 간다든가 해서 비는 공간 없이 사용하는 편이에요. 피겨는 기술의 긴박함과 짜릿함도 있지만 심판과 아이 콘택트도 하고 관중과 감정도 공유하는 스포츠잖아요. 저는 그들이 프로그램의 일부분으로, 함께 경기를 한다고 생각해요."

커리어 속에서 극심한 감정적 부침을 겪는 선수를 많이 봤지만, 그는 모든 경기가 나를 위한 선물이야, 하고 말하는 것 같았다. 경기장은 탐험할 것이 많은 보물섬. 그 사이 피겨 룰이 또 바뀌어 프리 경기 시간도 4분

40초에서 4분 10초로, 점프도 여덟 개에서 일곱 개로 줄었다.

"이제 어려워졌구나, 하는 느낌보다는 솔직히 말해서 좀 아쉬워요. 30초 안에 뭔가 더 많은 것을 표현할 수 있는데 그 시간이 줄어버려서."

그러나 10초도 안 걸리는 뜀틀 경기에 비하면야.

아무튼 그렇게 괴롭던 부츠 문제도 이제 얼추 자구책을 찾았다.

"사실 너무 불량이 아니면 어느 정도는 그냥 부츠에 맞춰 가기로 했어요. 계속 260밀리미터 정도로 신다가 최근에 사이즈를 올렸어요. 기성화인데 260은 저한테 너무 작고 265는 너무 커서 손으로 누르거나 넓게 손을 봐서 탔는데, 이제는 그냥 265로 사이즈도 늘려서, 개인적인 바람으로는 앞으로 부츠 문제가 좀 덜하지 않을까…."

* * *

2021년 11월, 차준환은 이번에 만든 프로그램으로 2주

연속 '컵 오브 차이나'와 'NHK 트로피'에 참가한다. 그 시간은 곧 지나고 올림픽 역시 끝날 것이다. 그 후에는? 우리는 한때 타올랐던 운동선수의 기나긴 사회적 적응에 대해 잘 알고 있다. 빨간 연기를 내뿜다가 5분 안에 명성을 날리고 재가 된 선수들을. 차준환은 피겨 역사에 한 페이지를 장식하겠다는 식의 말은 한마디도 하지 않았다. 일등이 아니면 패배한 거라는 말도. 누구도 따라올 수 없는 업적을 남기는 것이 아니라면 스포츠의 야망은 어디에 있단 말인가?

"결과적으로는 저 또한 올림픽에서 메달을 따는 것이 궁극적인 목표지만, 제가 모든 걸 다 했는데도 메달을 따지 못했다면, 거기서 또 발전시켜야겠죠. 캐나다에서 훈련할 때 하비에르 페르난데스가 늦은 나이까지 선수 생활 하는 걸 봤는데, 저도 부상이 없는 한 오래 좋은 프로그램을 만들면서 선수 생활을 이어나가고 싶어요. 저는 피겨 스케이팅을 한 걸 후회한 적이 없어요. 이 종목 자체를 너무 좋아해요. 새 안무 프로그램 왔을 때도 역시 이 직업을 하기 너무 잘했다고 생각했어요. 언젠가는 저도 스케이트를 떠나는 순간이 오겠죠. 그러나 지금은 지금의 순간에 몰입하고 싶은 마음뿐이에요."

"바둑은 아흔 살까지도 할 수 있다지만 피겨는 상대적으로 수명이 짧을 텐데 은퇴하면 허무가 없을까요?"

"최근에 느끼는 건데, 한국 피겨에서 제가 어느 정도 나이가 많은 축에 속하더라고요. 저보다 더 어리고 가능성도 무궁무진한 선수들이 많아졌어요"

차준환은 처음으로 어린 래브라도 리트리버같이 크게 웃었다.

"제가, 뭐라고 해야 되지? 그냥 최대한 오래 선수 생활 하고 한국의 다른 남자 피겨 선수들도 저처럼 계속 즐겁게 탔으면 좋겠어요. 피겨 스케이팅이라는 종목 자체가 선수 생명이 짧은 만큼, 짧은 시간 안에 제가 원하는 방향으로 원하는 프로그램들을 만들어서 표현하고 싶은 걸 최대한 표현하고 싶어요. 그리고 저의 프로그램들이 많은 사람의 기억이나 감정 속에 남았으면 좋겠어요."

우아함이란 인지되는 것이 아니라 기억되는 것.

성인의 세계에 들어서면 가치는 변하고 기회는 섞인다. 운이 좋다면 다른 시간 속에서 웃게 될 것이다. 그러나 그것이 차준환의 마지막 웃음은 아니다. 그렇다면 질문은 "누구처럼?"이 아니라 "무엇을 위해서?"가 되어야 할 것이다.

"제가 유일하게 기억하는 꿈이 있어요. 평창 올림픽 선발전을 국내에서 치를 당시에 1, 2차 성적이 저조해서 점수가 많이 뒤져 있었어요. 3차 선발전이 한 주 남았을 때 그 꿈을 꾸었어요. 목동에서 경기 하는데 제 순서가 되었는데도 저는 얼음 위에서 음악 들으면서 계속 대기해야 했어요. 시작하지 않는 경기를 계속 기다리기만 했어요."

어쩌면 피겨로부터 멀어질까 봐 꽉 쥐고 놓지 않는 꿈이었을까?

* * *

6월 특유의 햇살이 커피 숍의 넓은 창을 파고들어 실내가 끓기 시작했다. 냉방이 불충분한 데다 테이블 옆 선풍기가 꺼진 탓에 몸과 마음이 괴로워졌다.

차준환은 대기업 마크가 여럿 새겨진 연습복으로 갈아입었다. 그리고 잠깐 유니폼 안에 프레임된 운동선수의 오라를 풍기다가 곧 두 귀를 쫑긋 세운 소년으로 다시 돌아왔다.

우리는 커피숍 구석의 계단 앞 복도로 나갔다. 그는 모퉁이 계단 난간에 기대거나 조형물에 앉아 턱을 괸 자세로 카메라를 보았다. 오페라 백 스테이지에 앉은 듯 남색 줄무늬 양말과 검정 운동화를 신고. 렌즈를 낀 것 같은 까만 눈은 햇빛이 꺾여 어둑해진 갈색 배경 앞에서 말없이 반짝거렸다. 옅은 오트밀색 주근깨와 동공이 큰 데다 짙게 테를 그린 속눈썹 때문에 꼭 오르골 안을 도는 소년 조각 같았다. 곧 실내는 나른해지고 카메라를 바라보는 소년의 눈도 다시 가라앉았다.

"개인적으로는 친구 없이 지낸 지 굉장히 오래됐어요. 오랜 기간 캐나다에 있기도 했고, 항상 훈련만 하고 지냈기 때문에 그런 일상적인 부분들을 잃어버린 것 같긴

해요. 게임은 아예 안 해요. 그런 게 사실 소소한 행복인 건데 그런 것들 없이 저의 10대의 시간이 굉장히 빠르게 흘러간 것 같아요."

10대의 외로움과 사춘기의 분노라는 흔한 이야기와는 애초에 거리가 멀었다. 그러나 그는 훌륭한 선수의 고립된 세계 속에서 삶으로부터 뜯겨 나간 시절을 수선하려 하지 않는다. 왜냐하면 혼자 지내는 시간을 좋아하기 때문에. 그리고 자신에 대해 바꾸고 싶은 것이 없기 때문에.

"저는 제가 너무 좋은데요."

고개를 갸웃해 보일 때 그 머리카락은 바람에 날리는 잔디 같았다. 그리고 스물한 살 운동선수는 마지막으로 너무나 고유한 행복론을 들려주었다.

"저는 세상이 너무 아름다운 것 같아요. 저한테 행복한 상태는 요즘처럼 훈련하고 힘들 때? 뭔가 힘들게 한 만큼 제가 뭔가를 계속해내는 것 같아서, 그래서 전 그냥 행복한 것 같아요. 그냥 힘든데 행복한 것 같아요."

그가 이해한 세상이 물리적인 것이든 아니든, 인생은

아름답다고 느끼는 사람의 몫. 결국 자기가 이해하는 풍경의 아름다움만이 스스로를 건져 올릴 것이다. 노자(老子) 같은 생존법으로 피겨 정글북의 모글리가 된 소년이 그런 것처럼.

죽음의 왈츠

박정자

"세상은 무엇이든 다 그림자일 뿐이에요. 실체가 뭘까요? 진실이 뭐예요? 어떤 사실, 어떤 사람에 대해서도 영원히 미스터리예요."

2003년, 〈19 그리고 80〉을 준비하던 박정자는 이렇게 말했다.

"전에 나는 아무런 꿈도 없었어. 되고 싶은 것도 없었어. 그런데, 〈19 그리고 80〉을 하면서 꿈이 생겼어." 그리고 약속했다. "이 작품을 지속적으로 무대에 올릴 거야. 그리고 여든 살에 그만둘 거야."

그 말은 '운명적인'이라는 어휘를 감상성 없이 꺼낼 만한 침투력이 있었다. 그러나 그때 박정자는 예순두 살이었고, 그의 여든 살은 우주 밖의 막막한 미래로 느껴졌다. 그리고 2021년 5월 23일, 상상마당 대치 아트홀에서 원제대로 공연했던 일곱 번째 〈해롤드와 모드〉는 18년 전의 약속을 사수한 마지막 무대가 되었다. (이번 공연의 연출을 맡은 윤석화와 불의 약속도 지켰다. '마지막'이라는 말 때문에 사람들은 박정자가 은퇴한다고 더러 오해하였으나.)

그로부터 8일 뒤의 인터뷰는 황금의 순간을 긴 포즈로 떠나보낸 배우의 고즈넉한 술회라고 믿었다. 여든 살 배우의 늙지 않는 생각을 마중 나가는 시간이라고. 논리적인 단계에 참여하는 하나의 퍼포먼스라고.

그러나 그는 토네이도처럼 으르렁거리며 나타났다. 우리가 만나기로 한 호텔을 택시가, 그것도 모범택시가 제대로 못 찾고 헤매는 통에 한참 떨어진 데서 내렸기 때문에.

"나는 오늘 이 시간을 위해 그렇게 일찍 일어나서 그렇게 오래 준비했는데, 미장원에도 가고 메이크업 다 하고 오느라 몇 시간이나 걸렸는데 택시 기사는 길도 못 찾고…. 그런 거 하나 제대로 못 맞춰준다는 게 말이 되는 얘기예요?"

한국 연극에 대체 불가의 지배력을 가진 여배우는 한

순간 생활의 순진한 분노를 내뿜는 소녀가 되었다.

항상 그랬다. 연습이나 공연이 임계점으로 치달아가면 통제력을 상실해 할퀴기 직전의 재규어로 변했다. 아니면 이미 할퀴었거나. 그가 상상도 못 했던 격노를 드러내고 반경 10미터가 긴장으로 자욱해지면 말을 붙이는 것조차 죄짓는 기분이 드는 것이다.

자기가 원하는 대로 세상이 움직여주지 않는다는 것에 대뜸 화를 내는 순간, 우주는 그 사람을 중심으로 돌기 시작했다. 긴 블랙 카디건에 이너 탑, 까만 롱스커트와 굽 없는 운동화 차림의 섹시한 여장교 같은 종족을, 쇼트커트로 자른 머리가 철사처럼 곧추선 여자애를.

구소련의 레스토랑처럼 넓은 홀에 둥근 테이블이 국화 꽃 모양으로 배치된 충무로 경양식집에서 그는 들리는 줄도 몰랐던 음악이 조금 크다고 말했다. 보어인의 터프함 같이. 잠시 후 음향이 멎은 룸은 성냥 떨어지는 소리도 들릴 만큼 적막한 공간으로 변했다. 이제 남은 공간은 악령이 입안에서 꿈틀대는 것 같은 목소리가 채울 것이다. 언제라도 마중 나가고 싶은 마성의 패러디가.

"오늘 메이크업 할 때 내 주문은 이거 하나였어요. 결혼식 날 신부 어머니처럼은 하지 마. 그랬더니 '사모님, 피부가 너무 좋으세요' 그러는 거예요. 사모님? 내 나이도, 내가 연극배운지 뭔지도 모르고."

노화의 단계에서 그 나이 그룹으로부터 빠져나온 피부는 모공이 없어서 어떻게 숨을 쉴까, 걱정될 만큼 치밀하고 광택이 돌았다.

"사실 시간이 있으면 내가 하려고 했거든요. 화장은 잘 못하지만 배우 같은 메이크업을 좋아해요. 조금 과장되게, 눈은 진하게. 오늘 머리는 작년에 〈노래처럼 말해줘〉를 할 때처럼 은발이면 좋겠지만. 두 달 전에도 이렇게 짧게 잘랐는데 기념으로 다시 잘랐어요. 가벼우니까. 머리칼 자르는 것도 가벼워지는 방법이니까. 그러면서 어저께 또 하나 옷을 샀어요. 셔츠하고 바지. 그리고 운동화. 그러면서 웃었어요. 이병복 선생님이 그러셨거든. 여자는 쇼핑에 관심이 없으면 더 이상 여자가 아니라고. 나는 이 운동화를 더 넣을 신발장도 없고, 구두가 3000켤레나 되는 마르코스 이멜다도 아닌데."

커피는 서서히 황폐한 마녀의 시퀀스를 누그러뜨렸다. 주디 덴치의 은발과 완전히 반대편에서 반짝이는 머리칼도 차츰 가라앉았다.

"돌아보면 여든이 뭐 그렇게 대단하다고 여든까지 공연할 거야, 여든이 되기를 기다렸어, 그렇게 떠벌렸던 게 조금 부끄러워요. 그래도 요즘 그런 생각을 해요. 2020년 2월에 〈노래처럼 말해줘〉(박정자 개인의 자전적 모노드라마)를, 2021년 5월에 〈해롤드와 모드〉(가족과 학교로부터 도외시된 19세 해롤드가 관습에서 완전히 자유로운 80세 모드 만나 참된 사랑을 배우는 성장기)를 끝낸 것이 평생 나에게 제일 신통한 시간이 아니었나. 여든까지 해야 할 숙제를 다 마쳤다, 그것도 12월이 아닌 5월에. 그런 홀가분한 마음이 들었어요."

그건 의례적인 암시가 아닌 진짜 해방감 같았다. 그는 〈해롤드와 모드〉를 마치고 공기 중으로 날아가는 것 같았다고 말하니까.

"이번에 이 공연을 다 끝내고 나서 남은 시간은 덤이에요. 그렇다고 뭘 다 이루었다는 얘기는 아니에요. 이

룰 수도 없지."

왜? 펼쳐질 삶에 대한 기대치가 적어서? 그의 손이 새처럼 날아가는 동작을 해 보였다.

"네."

고압적이고도 소슬한 함축을 띤 한 음절.

"구체적인 생각은 아니지만 그렇게 날아가는 어떤 순간을 나는 그려요."

그러나 이 나라에서 그처럼 사랑받는 연극배우가 누구일까? 커튼콜 갈채는 얼마나 눈물의 보상이 되었나? 그러나 그는 관객을 믿지 않는다고 말했다.

"작품의 완성은 커튼콜을 통해 가능할 수 있잖아요. 관객들이 좋아하는지, 이 공연이 성공적인지, 실패한 작품인지. 얼마 전 충무 아트홀에서 공연 하나를 봤어요. 아주 가슴 아픈 이야기예요. 그런데 객석에 나같이 나이 먹은 관객은 하나도 없었어. 깜짝 놀란 게, 공연이 끝났는데 관객들이 딱, 약속한 것처럼 일제히 일어나 기립 박수를 하더라고. 나는 그 기립 박수의 의미가 뭔지 모르겠어요. 연극이 좋아서? 배우가 좋아서? 무엇이 좋아서 이들이 감동을 했나? 그 이야기가 이렇게 감동을 주었나? 연극이 뭐지? 관객이 뭐지? 물론 나는 안 일어났어요. '저 배우는 무대 위에서 저런 에너지로 살아가는데 나는 뭐 했지?' 라든가 '나도 분발해야지' 이런 생각을 했다면 일어섰겠죠. 극장을 나오면서 굉장히 혼란스러웠어요. 이 시대에 정말 감동이 무엇인가. 우리를 일어서게 하는 힘은 무엇인가. 그 힘이 과연 실체가 있는 건가."

〈해롤드와 모드〉의 관객들도 기립 박수를 했다. 매번 그런 건 아니었지만.

"관객의 어느 마음을 건드려서 일제히 기립 박수를 한 건지 의구심이 생겼어요. 그게 알고 싶어요. 내가 흔히 쓰는 말로 미스터리야. 나는 런던에서 그 많은 연극이며 공연, 뮤지컬, 다 봤지만 관객들이 기립 박수는 안 해요. 물론 박수 치면서 환호는 하지만 절대로 기립 박수하는 일은 없어요. 기립 박수가 그 작품의 성패를 가늠하는 건 아니라는 거죠."

그가 익힌 것은 오직 관객에게 먹히는 대신 그들을 집

어삼키는 법이었다.

＊　＊　＊

기술과 뻔뻔함으로도 이름을 얻는 시대란, 숭고함을 원하지 않는다. 매체는 예술가에게 지배력을 행사하고 대중은 명성의 헤게모니를 부추기니까. 명성은 엷은 추앙 속에서 기생하니까.

"정동 아트홀에서 〈신의 아그네스〉 공연 전날, 연습을 마치고 주차장으로 가다가 크게 넘어진 적이 있었어요. 얼굴과 입안을 꿰매야 할 정도로 다쳤어요. 다음 날 공연 도중에 혼미해져서 관객들에게 양해를 구하고 대본을 들고 나간 일은 영원히 잊지 못할 거예요. 그때 환불해달라고 요구한 관객들이 있었어요. 그들에게 동정을 바라진 않지만, 적어도 이게 라이브라는 것, 그리고 그 순간 무대 위의 사람들이 겪어야 하는 시간들을 이해하는 마음이 없었던 거죠. 너무나 이율배반적인데, 그러면서도 내가 항상 짝사랑하는 건 관객이거든요. 관객이 없으면 나는 아무짝에도 쓸모없는 사람이 돼버리니까요."

연극이 영화처럼 영상에 바탕을 둔 복제 예술이 아니라는 것은 그와 연극 사이의 명백한 관계에 어떤 영향을 주었을까. 그는 테이블 위에 놓인 동그란 빵을 집었다. 이때 다른 트릭이 기다리고 있었다.

"엊그제 너무너무 무서운 꿈을 꿨어요. 공연이 끝나서 여럿이 여행 갔는데, 무슨 역사(驛舍) 같은 데였을까, 사람은 하나도 없고 넝마 조각이 먼지처럼 풀풀 날리는데 허접한 가방 하나만 덩그러니 놓여 있었어요. 거기에 내가 버려져 있더라고. 꿈속에서도 내가 왜 여기 있어야 해? 너무 괴로웠어요. 내가 더 바라는 게 있었나? 내려놓지 못한 뭔가가 있을까? 난 그렇게밖에 해석할 수 없어요."

실수를 하면 만회할 길 없는 무대의 강박이 그런 꿈을 꾸게 했을까? 죄어진 나사 같은 세월이 꿈속으로 흘러 들어간 걸까? 그러나 박정자의 일곱 번째 모드는 풍부한 동작의 범위를 정교하게 다듬고 극적으로 파고들 때조차 수증기처럼 가벼워 보였다. 그리고 모드의 자극과 박정자의 자아가 충돌하며 객석에 결박된 관객들에게 나는 누구이고 사랑은 무엇인지를 가르쳐주었다. 아니, 변하도록 허락한다. 여든 살 생일에 약을 먹은 모드가 샴페인 잔을 떨어뜨리는 마지막 신에는 오페라 같은 에네르기가 휘몰아친다. 배우가 신체에 어떤 확신이 있으면 제한된 동선만으로 그렇게 무대를 채울까.

어떤 사람들은 박정자와 모드를 동일시한다. 아쉬워하는 이들도 많았다. 〈해롤드와 모드〉를 왜 여든 살까지만 하나? 아흔 살까지 하지. 배우의 삶이 무서운 건 타인의 환상에 갇히고 그 환상이 되는 것. 그는 가만히 물잔을 들여다보았다.

"그건 나를 위로하기 위해 하는 말이죠. 쓸데없는 욕심이에요. 누가 하더라도 나름대로의 아름다움이 있어요. 세상에 이미지가 얼마나 많은데. 이게 누구 아니면 안 된다는 건 없다고 생각해요. 물론 차이는 있겠지만. 모드는 나보다 훨씬 지혜롭고, 더 사랑스럽고, 보다 인간적이에요. 제일 부러운 건 여든 살 생일에 스스로 삶을 정리하는 거. 나는 그럴 용기가 없으니까. 모드는 그야말로 나의 첫 번째 롤 모델이에요. 근데 오늘 내가 여기 인터뷰하러 오면서 모범택시 때문에 버럭버럭 열 받고 그럴 때 모드는 어땠을까, 생각해요. 결국 모드는 여전히 작품 속의 인물이더라고."

종말의 이야기는 자주 들었다. 박정자는 언제나 무대에서 죽고 싶다고 말했으니까. 끝이 섭리 속에서 동의된 계약처럼. 무대 위에서 자신이 가진 건 목숨뿐이라 그걸 내놓겠다는 것처럼. 그렇게 삶으로부터 크게 한 발 내딛는 일인 것처럼.

"그렇지만 그렇게 큰 복을 신이 나한테 주실까? 물론 무대 위에서 이러다 쓰러지겠다 싶었던 적은 몇 번 있어요. 그때 든 생각은, 아, 그럴 수 있다면 얼마나 좋을까…."

배우는 수만 개의 죽음과 가까이 지내야 하는 족속. 무대 위에서 배우가 매일 죽었다 깨는 시간은 그때마다 극적이고 일회하다. 시간을 불태워버리는 격분. 변주 불가능한 퍼레이드. 그런데 무대의 시간이 그렇게 맺게 되면 우리는 샴페인 잔을 든 모습으로 모드를 기억하듯 무대에서 축제 같은 최후를 맞은 그를 미소로 축하할 수 있을까?

무대는 예배당이며, 무대에서 죽을 거라는 고전적인 레토릭은 그 자신이 만든 외적 인격과 벗어나지 않았다. 처형의 계단을 오르는 결말은 진심으로 박정자식 연극에 부합할 것이다. 심지어 하나의 승리로 보인다.

* * *

1942년생. 일제시대에 '마사코'라 불리던 평범하기 짝이 없는 이름. 그가 네 살 때 세상을 뜬 아버지는 무슨 생각으로 이름 가운데 글자를 바를 정(正)으로 지었을까. 고요할 정(靜)이나 빼어날 정(挺)도 있건만.

"여자 이름에 '바를 정' 자를 넣는 경우는 거의 없거든요. 그러나 나는 여기까지 오는 동안 평생 그 '바를 정' 자가 나를 붙들어주었다고 생각해요."

박정자는 1962년, 이화여대 문리대 연극부의 〈페드라〉에서 대사 16마디 하녀 역으로 출발한 이래 시작점부터 곧바로 연속적인 상태로 돌입했다. 그리고 극적인 힘과 상상력으로 휘몰아치는 60년 내내 '연극은 박정자'라는 등호를 만들었다. 무대 위에서 조수처럼 쓸려 갔다가 밀려오는 사이, 많은 것이 변했다. 두 가지만 빼고.

첫 번째는 되풀이되는 악몽이었다.

"〈해롤드와 모드〉 마지막 연습 때 또 그 꿈을 꾸었어요. 관객들은 이미 극장 안에 들어와 웅성웅성거리고, 당장 무대에 나가야 되는데 의상도 없고, 대사는 외우지도 못했어요. 조연출이 급히 준 대본은 플라스틱이었는데 글자들이 빛에 반사돼 다이얼로그를 하나도 알아볼 수 없었어요. 차라리 죽는 게 낫지. 아니, 죽음보다 못하지. 아침에 깨서 너무 약이 올랐어요. 신한테 약이 오른 건가? 내가 도대체 왜 지금까지 이런 꿈을 꿔야 해?"

두 번째는 덜어지지 않는 무대 공포증이었다.

"라이브라는 건 참 잔인한 거예요. 〈노래처럼 말해줘〉를 할 땐 무대 위에 혼자 내던져진 거나 마찬가지였어요. 무대 스크린 뒤에서 대기하면서 물을 입에 머금고 있다가 컵에 뱉기도 하고, 사탕을 물기도 하고, 별별 거를 다해도 공연 30분 전이면 영락없이 목이 말라요. 입에 침이 하나도 돌지를 않아. 등장하자마자 노래해야 되는데 시계를 딱 보면 30분 전. 생체 리듬이 머리보다 먼저 긴장을 알아차리는 거예요. 그렇지만 막이 오르면 에라 모르겠다, 그냥 나가자, 그거밖에 없어요. 잘해야 된다는 생각은 있지도 않아요. 그냥 아, 이건 운명이야. 무대에선 뒷걸음질 칠 수 없고, 도망갈 데도 없어. 그 이후로는 내가 하는 게 아니에요. 다른 에너지가 나를 운반하고 책임져주는 거예요. 그러나 내 이야기를 관객들에게 보여주었다기보다 나누었다는 게 좋았어요. 나를 드러낼 수 있었다는 게."

그 말은 모르는 장소에서 처음 겪는 날씨처럼 생경하게 들렸다. 정말? 그 관록에 아직도 그렇다고? 그러나 부처라도 무대에 오르면 고요를 잃고 비틀거릴 것이다.

"나는 상식적인 역할이 싫어요. 나를 상식적인 배우로 분류하는 건 더더군다나 싫고. 무대에서 똑같은 박정자의 모습은 관객도 싫어할 거예요. 〈햄릿〉에서도, 〈신곡〉에서도, 〈에쿠우스〉에서도 그랬듯이 늘 낯선 배역을 만나는 것이 내가 바라는 내 모습이에요."

배우가 자기를 진짜 삶에서 제거하거나 과하게 보호하면 연극을 할 수 없을 것이다. 왜냐하면 그건 항상 가짜일 테니까. 연극은 정중앙에, 개인의 삶은 위성에 속한 세계. 배역마다 근원 깊숙이 치고 들어가 감정을 드러내는 연극의 정의에 충실하면서도, 배역을 틀 밖으로 끌어내면 또 다른 자아는 그때마다 몸을 떨리게 하는 집합체가 되었다. 비슷한 배역이란 가능성의 끝. 타일처럼 익숙한 역은 처절히 거부하는 동시에, 연극의 극적인 가능성을 실험했다. 그 자신의 것이기도 하고 아니기도 한 사상을 투사하면서.

우리는 촬영을 위해 밖으로 나왔다. 옅은 빛으로 그러데이션 된 건물 외벽 앞에서 그는 골격이 용수철로 연결된 듯 똑바른 자세로 섰다. 위에서 와이어가 당기듯. 그리고 돌진하는 렌즈에 반응하는 연극배우의 포즈. 언제나 놀라게 하던 비상식적인 몰입. 그리고 방금 금기를 깨뜨려도 좋다는 허락을 받은 것 같은 옆얼굴.

온통 검은 룩은 밤바다처럼 윤이 났다. 습기가 섞인

바람은 식물 섬유를 한 올 한 올 뽑아 숄처럼 늘어뜨려
진 넥클라스 다발을 이상하게 흔들어댔다. 가끔 목걸이
는 나무뿌리로 만들어진 화관처럼 보였다.

그런데 29년 전, 그는 이렇게 말했다. 누가 나의 인터
뷰를 쓴다면 '그는 평범하다'라는 문장으로 시작했으면
좋겠어.

"지금도 변함이 없어요. 그렇게 미모가 뛰어난 것도
아니고. 미인이 되려고 노력한 적도 없고. 그러나 오늘
처럼 사진 찍힐 때 덧칠하고 치장하는 시간이 폭발적인
에너지로 변하는 걸 좋아해요. 무대에서 나는 평범을 거
부해요. 관객들은 평범한 사람을 보러 극장까지 갈 이유
가 없죠. 그러나 평상시에 무대 밖에선 하염없이 평범한
사람. 내 말이 틀렸나요?"

그는 그렇게 매순간 무대의 비범과 일상의 평범이 만
드는 대비를 통해 도표를 그린다.

사람들은 배우를 자기와 다른 부류로 생각하는 동시
에 자기들과 같은 인간으로 만들고 싶어한다. 배우란 다
른 사람이 다다를 수 없는 곳에 살거나, 바다에서 죽어

가는 불운한 영혼에게 손을 뻗는 초월적 존재라도 되는 듯이. 그런데 스스로 생활의 아마추어이며 문명화된 삶의 기본 법칙에서 면제되었다는 사실은 언제나 그의 난센스 훈장이 되었다. 그는 논리와 무관하니까. 그리고 논리가 다는 아니니까. 하긴, 논리를 따지는 상태로는 연극배우의 마음에 닿을 수도 탐험할 수도 없을 것이다.

그러나 사람들은 그의 나이 여든이라는 생물학적 진실을 들추고 (최소한 몇몇은 그렇게 생각하기도 하는)육체적 불리함을 꺼내 들고는 엄청난 대사 분량에 혀를 십 리나 내두른다. 글쎄, 육체적 기계 운동이 느려질 때 무엇으로 그것을 보완해야 할까? 나이라는 진실은 무엇을 벨까? 그는 확성기에 대고 배우의 위대함을 읽어나갔다.

"단순해요. 텍스트를 외울 수 있는 능력은 신이 준 것 같지만, 수학 공식이나 역사책 외우듯 반복 훈련일 뿐이에요. 일상에선 돌아서면 방금 전에 본 사람 이름도 금방 잊어버리지만. 밤에 누워서 대본을 떠올려봐요. 그러면 내가 어디에 쉼표를 그리고 어디에 형광펜으로 줄을 그었는지, 대사는 어떻게 바꾸었는지 다 스캔이 돼요.

그건 내 자신한테도 놀라는 점이에요. 나는 머리가 정말로 나쁜 사람이니까. 그런데 배우는 머리가 안 좋아야 돼요. 그래야 배역이 끼어들 여지가 있죠. 배우한테 천재를 요구하면 안 돼요. 정형화되니까. 배우에겐 폴리스라인을 넘나드는 여유가 필요해요. 그러나 완벽한 연기란 없어요. 찰리 채플린마저도. 관객들은 완전한 걸 원하지 않아요. 그렇지만 어느 찰나에 무대에서 슬쩍 내가 나를 볼 때가 있단 말이죠. 박정자가 연기하는 박정자를 보는 그때 아, 이거야, 그러면서 나한테 반하는 순간. 그건 대단한 전율이죠."

그는 가만히 앉아서도 퍼포먼스를 한다. 그런 상태는 교통사고처럼 충격으로 다가온다. 뚫어지게 쳐다보지 않으려 해도 자제할 수 없다. 가질 수 없는 것을 갖고, 도달할 수 없는 곳에 이르고, 손댈 수 없는 무엇에 소리치는 마음. 그리고 그 역시 불가능하다는 것을 이미 알고 있는 지점. 이때 나르시시즘은 약점이 아니라 특권이 될 것이다. 스스로를 도취시키지 못하는데 누구 마음을 황홀하게 만질 것인가.

"〈굿나잇 마더〉의 엄마는 딸의 죽음을 그대로 목도하는 역할인데 세상 그것보다 더 끔찍한 일이 있을까. 차라리 내가 죽어서 아무것도 모르는 게 나아. 자식이 내 앞에서 죽는다고 해도 엄마는 말릴 수 없었지. 두 달 연습 하고 두 달 공연할 때는 이미 모든 피가 완전히 다 식었어요. 그때 뜨거운 피는 하나도 없었어요. 저절로 등이 굽고 허리가 굽고 얼굴에 늘 그늘이 있었고, 삶 자체가 싫었어요. 그런데 매일 공연을 할 때 그 상황을 맞닥뜨려야 되는 거야. 나는 극장에 가기 싫었다고. 36.5도가 정상 체온이라면 그때는 한 20도쯤 내려갔을 것 같아요. 그렇지만 〈11월의 왈츠〉를 할 때는 어느 순간 내가 잊고 있었던 사랑을 이렇게 다시 일깨우는 것 같았어요. 체온이 아마 38.5도? 공연을 할 때 내 얼굴에 핑크빛이 돈다는 이야기를 많이 들었어요. 그렇게 전이되는 거예요."

온도란 피의 숙명. 체온은 작품마다 달라지는 것.

"나는 너무 미련하기 때문에, 이것밖에 모르니까, 이거 외에는 내가 할 수 있는 게 아무것도 없으니까. 역으로 어떤 때, 내가 배우로서 연극은 제대로 하고 있는 건가? 그 역할을? 문득문득 그런 생각도 해요. 답은 여전히 퀘스천 마크죠. 사람마다 편차가 있으니까. 이게 틀렸다, 맞았다는 누구도 얘기할 수 없으니까. 나 혼자 묻고 답하고, 질문이 있으면 그냥 질문인 채로 남길 수밖에."

*　*　*

문화의 중심에는 늘 화가 치밀게 하는 무엇이 있다. 연극 옹호론자들은 본능적으로 연극의 가치를 확신하지만, 그 확신을 사회학적 자료로 전하기 어렵고 유용성은 늘 불분명하니까. 그러나 마이너 연극의 주류라는 이질적 존재감, 극장 가는 택시 안에서 거리를 내다보며 "그래, 이만하면 너무 충분해" 하고 자족하던 방백, 그러나 결단코 만족할 줄 모르는 방탕한 욕심.

"난 철들고 싶지 않아요, 그거 다 쓰잘데기 없는 거예요."

그는 티슈에 커피를 조금 쏟은 뒤 조개 같은 손톱으로 얼룩을 건드렸다. 잎맥 같은 핏줄이 비치는 손, 옥양목

처럼 흰 손, 무대에서 대사보다 많은 말을 하던 손은 이
야기의 막간마다 허공에 금을 그으며 자기가 어떤 사람
인지를 드러냈다.

"나는 내 몸 중에서 손을 제일 좋아해요. 손은 배우
인 나와 개인인 나, 둘 다에게 가장 중요해요. 나는 동
작 하나, 혹은 목소리, 아니면 찰나적인 호흡, 또는 스텝
의 문제보다 손가락 하나의 문제에 가장 큰 예민함이 있
어요."

손은 계속 움직였다. 대부분 그의 얼굴 주변에 머물
렀다. 들리는 건 그가 사용하는 단어들이지만, 이야기를
하는 건 정말이지 그의 손이었다.

점심시간이 지났다. 손님도 주인도 자리를 뜨고, 터미
널 같은 낮의 레스토랑엔 우리만 남았다. 어느새 두 시
간 반이 지나 있었다. 잠깐 이완된 순간, 조명 위치에 따
라 문득 그 뺨이 파이고, 그는 매 신마다 머릿속에 담고
싶은 초보 조감독처럼 집요해 보였다. 어떤 것일까? 지
금 단계의 인생에서 적절한 것은 무엇일까? 은은히 시
들어가는 대신 여전히 티켓 파워의 맹위를 떨치는 여든

살의 현역에겐 어떤 아흔 살의 절정이 기다릴까?

"글쎄요. 그러나 아흔까지는 안 살았으면." 그는 포르르, 새소리를 내며 웃었다. "물론 또 다른 숙제가 기다릴 테지만, 에너지가 예전 같지 않을 테고…. 이제 남은 시간들은 덤일 것 같아요…."

그 말은 선택지가 다 떨어져 몸을 웅크려 죽을 준비가 된 이의 소리가 아니었다. 이미 페달을 밟기 시작했으니까. 안락함을 찾지 못하는 시간은 늘 각성되어 있었으니까. 접시 스무 개를 한 번에 돌리는 광대처럼 접시가 느려질 때마다 연신 돌렸으니까.

그는 8월 말에 막이 오를 뮤지컬 〈빌리 엘리어트〉에서 3년 전 초연 때처럼 다시금 빌리의 할머니가 되어 6월 말부터 연습한다고 말했다. 더 나은 목차가 보다 나은 목차를 만드는 것. 즉각적으로, 우리는 매일 새로운 것을 하기 위해 생명을 받았다는 여든 살 모드의 대사가 떠올랐다.

"3년 전 그때보다 무대에서 더 놀고 싶어요. 그때보다 더 가벼워지고 싶어요. 연기를 잘해야 되겠다는 강박관념은 없어졌어요. 이것이 내가 바라던 게 아니었나? 〈포레스트 검프〉 마지막에 깃털이 벤치로 훅 하고 날아가는 순간처럼? 이번 〈빌리 엘리어트〉는 거의 스태프 200명이 왔다 갔다 해요. 무대에 나오는 사람은 얼마 안 되는데, 그렇게 많은 사람들과 한순간도 놓치지 않고 공연에 몰입할 수 있다는 게, 내가 거기 참여할 수 있다는 게 소름 끼치게 아름다워요. 나는 극장 공간에 너무 감사해요. 어느 땐 모든 세팅이 끝난 다음에도 무대 여기저기에 못이 막 떨어져 있어요. 그걸 정리할 인력이 없는 거죠. 그때 나는 말없이 맨손으로 못을 주워요. 누가 시켜서가 아니에요. 무대에 대한 나의 경외심 같은 거예요. 무대는 나의 천국이자 지옥이니까요. 또 어느 날, 분장실에서 무대로 나 있는 계단을 올라갈 때 먼지가 싹 날리면 사람들 몰래 뭉쳐진 먼지를 주워요. 난 그 먼지조차 고마운 거예요."

　연극을 한다는 건 희망 없고 무분별한 사랑에 빠지는 것. 연극을 하지 않으면 살 수 없는데, 살 수 없다면 연극을 할 수도 없는 것. 모든 예술가는 괴짜가 되어야 하고, 보헤미안은 퇴짜 맞은 이들의 피난처란 말은 다 틀렸다. 먼지 덩이를 줍는 배우야말로 가장 수공업적인 연극의 이데올로기 아닌가. 연극은 물음표가 붙은 땅. 시공 너머로 가기엔 아무것도 약속할 수 없는 미래. 영광스러운 허기의 코드.

"연극을 시작할 때는 막연한 무대의 동경밖에 없었어요. 그런데 지금 나는 출발했을 때 그렸던 것보다 너무 큰 배우가 된 거예요. 명동 예술극장 시절에 〈어디서 무엇이 되어 만나랴〉를 할 땐 관객이 없어서 무대 위에서 두 다리 뻗고 엉엉 운 적도 있었는데, 아주 조그마한 그림을 그리다가 나도 모르는 사이에 큰 화폭에 그려진 자화상을 보는 것 같아요."

그에게는 자기를 알아달라고 절규하는 대신 연극적 이상을 알아차리기 위해 시간을 더 쓰지 않아도 되었다는 게 무엇보다 중요할지도 모르겠다. 서열에 대한 경외심을 얻었다는 것보다도.

어느 틈에 음악은 꺼지고 그의 목소리만 남았다. 목소리. 개들이 짖어도 제스처 없이 제압할 목소리. 100인의 배우가 움직이는 것보다 더 큰 무대를 만드는 목소리. 입을 닫고 있을 때도 휘몰아치는 목소리. 검붉게 그을린 목소리.

"우선 오늘 이렇게 어마어마한 인터뷰를 하게 됐다는 것. 내가 연극배우가 아니고 다른 일을 했거나 그냥 나이를 먹었다면 이런 일이 없겠죠. 여든에 인터뷰를 하는 사람은 흔치 않을걸. 그리고 아직도 내가 연극배우로서 현역으로 살아남을 수 있다는 것에 감사해요. 노래를 했거나 운동선수였거나 무용을 했거나 글을 썼거나 하는 것하고는 다른 일이죠. 그랬으면 벌써 정년을 맞았거나, 그 일을 접었겠지. 아직 나한테 무대가 있으니까. 사실 절정이란 것은 언젠가는 내려와야 한다는 의미잖아요. 끝없이 낙하해야 하죠. 그 두려움은 없어요. 내가 여든까지 온 것만 해도 모든 것이 감사한데 이렇게도 절정이 있을 수 있다는 게. 그런데 나에게 또 어떤 절정이 기다리고 있을까."

* * *

박정자

357

모든 위험이 추상적인 오싹함에 불과한 지금, 연극은 먼 옛날에 존재했던 문명의 실제적인 감정을 준다. 그리스로부터 시작해 로마 콜로세움의 흙을 거쳐 영국의 장터까지 이어졌던 복싱의 뿌리를 더듬어 오르듯이. 그러고 보면 연극배우야말로 인간사에 가장 큰 기부를 하는 셈이다. 사람들은 자아 속에서 인생의 모조품과 싸우는 일에 평생을 바치는데 그는 연극 하나에만 골몰했다. 연극 말고 다른 것에 마음을 쓰는 게 에너지를 말릴까 봐 두려워하며, 늘 스스로 제정신인지 물어보며.

"최고의 절정은 죽는 순간일 거예요. 충분해…. 나는 늘 그 생각을 해요."

관객을 믿지 않는다면서 연극이 아니라면 자기는 떠돌아다니는 휴지 조각에 불과할 거라고 진술하는, 그러면서 더 이상의 재능은 불필요하다는 여배우는 새로운 메타포를 불러일으켰다. 어느 순간, 사회는 연극의 내부를 밖으로 비추는 스크린 같은 존재에게 질문할 것이다. 당신은 연극에 어떤 책무가 있냐고. 답은 단호한 오버랩으로 튀어 올랐다.

"없어요. 한때는 그게 있었지만 이제는 그런 것도 다 헛것이라고 생각해요. 세상은 무엇이든 다 그림자일 뿐이에요. 실체가 뭘까요? 진실이 뭐예요? 어떤 사실, 어떤 사람에 대해서도 영원히 미스터리예요. 나는 정말 모르겠어요. 오늘까지가 내가 살아온 시간이에요. 살아보지 않았고, 느껴보지 못했고, 미처 알지 못했던 모든 것은 다 미스터리예요. 우리는 한 치 앞을 알 수 없어요. 누가 코로나를 예견했겠어요? 누가 화성에 갈 생각을 해봤겠어요? 코미디는 동전의 앞뒤처럼 비극과 맞닿아 있어요. 그런데 나는 비극적인 것보다 코미디가 더 맞아요. 온전치 못하니까."

박정자의 코미디는 다른 희극과 구별되는 동시에 비극 몇 개를 아우른다. 이렇게 자기가 불행하다고 말할 때처럼.

"이건 나의 불행 맞아요. 나는 지금까지 상대역을 맡은 남자 배우 중 어느 누구도 너무 좋았어, 어떤 작품이든 꼭 같이 연기하고 싶어, 그런 경우는 단 한 사람도 없었어요."

만화책에서나 보이는 말풍선이 머리 위에서 둥둥 떠

다녔다. 에고가 너무 맹렬하고 노골적이라서 그런 말을 하는 걸까? 그러나 무엇도 감퇴시키지 못할 것이다. 그 말을 부정할 수 없기 때문에.

나는 "그럴 리는 없지만 다시 태어난다면…" 하고 하나 마나 한 질문을 했다. 내일 공연을 하듯 삶이 이어지는 것도 아닌데.

"영국쯤에서 다시 여배우로…. 우리나라에서는 안 태어나고 싶어."

다음 말을 기다리다가 숨이 차오를 때쯤 그가 이유를 말했다.

"연극배우로 다시 태어나고 싶기 때문에."

지식인이 되려면 프랑스에 있어야 하듯, 연극배우를 하려면 영국에서 태어나야 하는 걸까? 그는 문득 빛이 부족한 얼굴로 산울림 소극장 분장실 이야기를 들려주었다.

"〈엄마는 오십에 바다를 발견했다〉를 1년 장기 공연할 땐 더 이상 끌어올리고 길어 올릴 게 없었어요. 아무 빛도 들어오지 않는 지하 극장에서 봄 여름 가을 겨

울이 어떻게 가는지도 몰랐고, 꽃구경, 단풍 구경은 아
예 사치였어요. 분장실에 들어가면 다시 오고 싶지 않았
어요.”

그는 쇠약하게 고개를 저었다.

“그래도 그 분장실은 〈위기의 여자〉〈웬일이세요, 당
신〉〈테레사의 꿈〉〈백양섬의 욕망〉…. 나를 배우로 우
뚝 서게 했던 공간이었어요. 지금도 그 지하실이, 너무
너무 남루한 지하 감방이 그리워요. 그 공간, 그 시간, 거
기서 만났던 관객들과의 접촉이 잊히지 않아요.”

담담한 회고 속에 퍼지는 파장은 듣는 사람의 배를
통과하고 있었다. 분장실. 연극의 구유. 벌들이 붕붕거
리는 숲속. 시간이 멈춘 마을의 연못. 아무도 손대지 않
은 평화의 장소에는 그가 항상 이곳에 살고 있음을 증
명하는 도구들이 보인다. 어느 누가 그 사람보다 분장실
을 잘 알 수 있을까. 그 순간, 우리가 서로 비밀을 공유
하느라 잠자는 것마저 잊어버릴 정도의 사이처럼 느껴
졌다.

나는 부동의 자세로 앉아 있을 때도 공간을 요동치게

만드는 여배우를 신기하게 바라보았다. 그러나 카리스마란 결국 자신으로 되돌아와 스스로에게 자상을 입힐 것이다.

"나는 카리스마란 말을 굉장히 좋아해요. 내가 너무나 평범하기 때문에 그걸 더 취하려 하는지도 모르겠어요. 누구도 나를 허투루 대하지 않으니까."

곧 배후에서 들리는 것 같은 목소리가 이어졌다.

"그런데 나는 무서운 사람, 없어요."

거리에 5월의 비가 내리고 있었다. 헤어지기 전, 그는 차갑게 말했다.

"나는 늘 후회하는 순간들이 몇 가지 있어요."

"이를테면 어떤 것들이요?"

"그건 말할 수 없어요."

너무나 순진한 의문이 들었다. 왜 탁월한 배우들은 내기를 좋아하는 걸까? 인생은 왜 그렇게 짧고, 듣고 싶은 대답은 왜 늘 숨겨져 있을까? 모든 것이 한 번의 숨 안에서 펼쳐지는 장면 같았다. 박정자의 여든 살은 통례적 사회에서 해방된 사상의 파시즘. 그는 비밀 하나를 남기고 택시를 탔다. 그리고 비 오는 날, 자기가 내내 말하듯 미스터리인 세상 속으로 뽀얗게 멀어졌다.

질문은 조금만

ⓒ이충걸 2023

초판 1쇄 인쇄 2023년 1월 20일
초판 1쇄 발행 2023년 2월 6일

지은이 이충걸
펴낸이 이상훈
편집인 김수영
본부장 정진항
편집1팀 이연재 김진주
마케팅 김한성 조재성 박신영 김효진 김애린 오민정
사업지원 정혜진 엄세영

펴낸곳 ㈜한겨레엔 www.hanibook.co.kr
등록 2006년 1월 4일 제313-2006-00003호
주소 서울시 마포구 창전로 70 (신수동) 화수목빌딩 5층
전화 02-6383-1602~3 | 팩스 02-6383-1610
대표메일 book@hanien.co.kr

ISBN 979-11-6040-945-1 03810